Rituale

Self-Care

im Alltag

Für unsere Lehrer

Rituale
Self-Care
im Alltag

Nadia Narain
&
Katia Narain Phillips

DK

INHALT

RITUALE

Was fällt dir ein, wenn du das Wort »Ritual« hörst? Wir haben die Erfahrung gemacht, dass viele Menschen von Ritualen fasziniert, manche sogar begeistert und bereit sind, alles auszuprobieren – egal, wie seltsam eine Idee zunächst klingen mag. Sich mit Jasminöl einreiben, um Liebe anzuziehen? Sicher, warum nicht? Andere befürchten, sie müssten sich auf eine Art heidnischen Hexensabbat einlassen. Allein beim Gedanke daran werden sie bleich vor Entsetzen.

Keine Sorge, auch wir verdrehen beim Gedanken an Rituale so manches Mal die Augen. Wir wollen dir nicht vorschreiben, dass du dir die Welt des Mystizismus zu eigen machen oder wertvolle Stunden damit zubringen sollst, Zauber zu wirken (es sei denn, du willst es!). Und wir erwarten nicht, dass du dir ein spezielles Esoterik-Set zulegst, wenn dich das vor deinen Freunden in Verlegenheit bringen würde.

Für uns besteht ein Ritual darin zu lernen, sich an den kleinen Dingen im Leben auf einfache Weise zu erfreuen. Es ist eine Art, Gewöhnliches zu etwas Besonderem zu machen und Besonderes zu etwas sehr Besonderem.

Mit Ritualen können wir unsere Gefühle und Erfahrungen auf eine neue Art und Weise wahrnehmen und würdigen. Sie ermöglichen es uns, mit komplizierteren Vorgängen in unserem Inneren bewusster umzugehen, sodass diese uns nicht überwältigen.

Viele Teilnehmerinnen und Teilnehmer unserer Self-Care-Workshops erzählen uns, dass sie ihr Leben entschleunigen und mehr Raum für sich selbst schaffen wollen, aber nicht so recht wissen, wie sie das angehen können. Wir hoffen, dass unser neues Buch ihnen und dir einige leicht anzunehmende Ratschläge an die Hand gibt, wie jeder von uns mit einfachen Ritualen auf Pause schalten und das moderne Leben entschleunigen kann.

Wenn dir der Gedanke an Rituale Angst macht oder dich abstößt, denke an die fröhlichen Bräuche, die es in allen Kulturen für Geburtstage, Hochzeiten oder andere Feste gibt. Bestenfalls schaffen sie einen Rahmen, in dem wir Veränderung und Wachstum erfahren können; wir halten inne, um uns bewusst zu machen, wie die Zeit vergeht, und um zu feiern. Selbst der überzeugteste Atheist wird schon einmal bei einer Geburtstags- oder Silvester-Party gewesen sein, ohne dies unbedingt als Ritual empfunden zu haben.

In schweren Zeiten kann ein Ritual Halt geben. Wenn du jemals bei der Beerdigung eines geliebten Menschen warst, wirst du wissen, dass die althergebrachten Traditionen rund um den Tod sehr tröstend sein können. Vor allem, wenn sich die Vorstellung, Entscheidungen treffen zu müssen, überwältigend anfühlt.

Und auch in der Hektik des modernen Lebens halten wir an den Ritualen fest, die die großen Ereignisse des Lebens markieren, beispielsweise Beerdigungen, Hochzeiten und Geburten. Viele von uns scheinen jedoch die kleinen Augenblicke des Nachdenkens und des Zur-Ruhe-Kommens aus dem Alltag verdrängt zu haben. Wir sind aber der Ansicht, dass ein Leben ohne Reflexion und Kontemplation zu Unzufriedenheit und sogar zum Burnout führen kann.

Den Alltag durch Rituale anzureichern kann dir helfen, geschäftige Zeiten dankbar und bewusst zu erleben statt gestresst und von Gewohnheit geprägt. Die hier vorgestellten Rituale betrachten wir als Rezepte, die dir zeigen, wie du mehr Genuss und Freude in dein Leben bringst.

WAS IST DENN ÜBERHAUPT EIN RITUAL?

Einige unserer Rituale sind so einfach, dass wir sie mit einem Satz erklären können. Andere gestalten sich komplexer: Sie umfassen mehrere Schritte, daher findest du dort auch genauere Anweisungen. Allen gemeinsam ist, dass sie dir zeigen, wie du dein Leben bewusst leben kannst.

Alles, was du in diesem Sinne tust, kann ein Ritual sein. Wir finden aber, dass ein echtes Ritual aus drei Elementen besteht:

INNEHALTEN, um sich bewusst zu machen, wo man steht, wie man sich fühlt und was in diesem Augenblick vor sich geht.

BEOBACHTEN, um die eigenen Gefühle, die Atmung und alle körperlichen Empfindungen wahrzunehmen.

EINE INTENTION FORMULIEREN: Wünschst du dir Frieden? Energie? Akzeptanz? Veränderung? Mach dir deine Absicht klar.

Es kann wirklich so leicht sein – Kerzenschein, Weihrauch oder das Sitzen auf einem Meditationskissen mit gekreuzten Beinen ist nicht zwingend nötig. Die Wirkung selbst eines sehr einfachen Rituals kann sehr tief gehen.

Ein Ritual sollte nicht in Eile durchgeführt werden, muss aber nicht lang dauern. Wir denken, es sollte einem ein echtes Wohlbefinden und das Gefühl der Verbundenheit mit der Welt verschaffen. Stell es dir so vor, dass es etwas Magie in deinen Alltag bringt.

Uns begeistert auch die Vorstellung, dass Rituale, die ein wenig Ruhe verschaffen, von Generation zu Generation weitergegeben oder verschenkt werden können. Daher haben wir auch einige von diesen in unser Buch aufgenommen.

Ein Grundritual, wie wir es verstehen, ist unglaublich einfach. Weitere Schritte können jeweils ergänzt werden. Wir machen in diesem Buch Vorschläge für etwas detailliertere Anwendungen, die du annehmen kannst, aber keinesfalls musst. Du kannst auch darauf verzichten.

Der Hippie in uns liebt Kristalle und ätherische Öle, daher benutzen wir sie häufig. Du musst das nicht übernehmen. Erinnere dich nur regelmäßig daran, innezuhalten, achtsam zu sein und deine Absichten bewusst zu formulieren – und schon praktizierst und verfeinerst du dein eigenes Ritual.

Denk stets daran, dass Rituale dir dienen und dich unterstützen sollen und nicht umgekehrt. Wenn du spürst, dass eine Idee aus diesem Buch oder auch eine andere dich zu sehr beansprucht, mach dir bewusst, dass es bei einem Ritual darum geht, deine Erfahrungen und dein Erleben zu würdigen und nicht darum, sich etwas diktieren zu lassen.

DAS KLINGT JA TOLL, ABER WER HAT DAFÜR ZEIT?

Wir denken, dass uns Rituale keinesfalls wertvolle Zeit stehlen. Vielmehr helfen sie uns durch ihre sanfte Kraft, Zeit zu gewinnen. Jeder Tag hat für jeden Menschen 24 Stunden, ob es sich um Barack Obama oder den Dalai Lama handelt – oder um dich. Natürlich sind manche Phasen hektischer, andere ruhiger, aber an jedem einzelnen Tag kannst du entscheiden, wie du deine Zeit nutzt.

Wenn Menschen sagen, dass sie keine Zeit haben, es etwas langsamer angehen zu lassen, sagen sie in Wahrheit, dass das nicht ihre Priorität ist. Du musst dich bewusst dafür entscheiden, Augenblicke der Stille und Harmonie in deinem Leben zuzulassen – niemand anderes wird das für dich tun!

Beginne damit, dir bewusst zu machen, welche Gewohnheiten deine Zeit verschwenden oder dich auslaugen. Überlege dann, wie du diese Sekunden, Minuten, Stunden produktiver nutzen kannst. Wir haben immer wieder die gleiche Erfahrung gemacht: Wann immer wir umherhetzen und denken, wir hätten keine Zeit für diese kleinen Momente der Ruhe – ob bei einer Meditation, einem Spaziergang oder einfach beim ruhigen Sitzen –, scheint sich das Leben noch zu beschleunigen und fordert uns stärker als zuvor.

Einem berühmten Zen-Spruch zufolge soll man jeden Morgen 20 Minuten meditieren, es sein denn, man steht wirklich unter Zeitdruck. In diesem Fall sollte man eine Stunde meditieren. Denn genau in solchen überdrehten Phasen brauchen wir am dringendsten etwas, das uns inneren Frieden schenkt.

Verantwortung dafür zu übernehmen, das Tempo zu verlangsamen und sich Zeit für sich selbst zu nehmen, gibt dir das Gefühl, dass sich in deinem Leben mehr Raum auftut.

GEWOHNHEIT UND RITUAL – WAS IST DER UNTERSCHIED?

Es ist wichtig, zwischen einer Gewohnheit und einem Ritual zu unterscheiden. Das Erste ist eine Handlung, die wir automatisch ausführen, ohne darüber nachzudenken. Das Zweite führen wir mit Aufmerksamkeit und Absicht aus.

GEWOHNHEIT	RITUAL
Nebenbei essen	Vor dem Essen danken
In den Social Media herumscrollen	Ein inspirierendes Buch lesen
Unterwegs ein Croissant essen	Sich zu einem selbst zubereiteten Frühstück an den Tisch setzen
Jeden Abend vor dem Fernseher sitzen	Ein Dankbarkeits-Tagebuch schreiben

Gute Gewohnheiten können das Leben verbessern. Wir halten es für sehr wichtig, diejenigen beizubehalten, die uns stark, gesund und glücklich machen. Versteh uns nicht falsch – du musst nicht alle deine täglichen Gewohnheiten durch sorgfältig durchdachte Rituale ersetzen. Dafür hat wirklich niemand Zeit.

Was du hingegen tun kannst, ist, eine Gewohnheit in ein supereinfaches Ritual zu verwandeln, indem du die Intention dahinter veränderst.

Statt also morgens deinen Tee zu trinken, während du dich anziehst, versuche, eine kleine Zeremonie daraus zu machen. Verwende lose Teeblätter, erhitze das Teewasser, lass den Tee so lange ziehen, bis er perfekt ist. Und genieße dann den Tee in einem Moment des inneren Friedens, bevor der Tag beginnt.

Das Achtgeben auf die Details und die bewusste Wahrnehmung des Augenblicks sind es, was die Gewohnheit vom Ritual unterscheidet.

Wenn du denkst, dass du dafür keine Zeit hast, beginne mit sehr einfachen Ritualen in Verbindung mit Aktivitäten, die du ohnehin täglich ausführst. Hier zwei Vorschläge: Nutze die Zeit während des Zähneputzens, um deine Absichten für den bevorstehenden Tag zu formulieren. Oder gib einen Tropfen ätherisches Öl in deine Tagescreme – vielleicht beruhigenden Lavendelduft – und denke beim Eincremen darüber nach, wie du dich fühlst oder fühlen möchtest.

Der Nutzen dieser kleinen Rituale verstärkt sich gegenseitig – je öfter du sie praktizierst, desto mehr helfen sie dir, an einen Ort zu gelangen, an dem du dich sicher und gehalten fühlst. Und das geschieht unabhängig davon, was sonst in deinem Leben vor sich geht.

Sicher hast du selbst festgestellt, dass das Einführen guter Gewohnheiten Disziplin erfordert. Genauso braucht es eine gewisse Zeit, bis sich die positiven Effekte von Ritualen bemerkbar machen. Wenn du ein Ritual zum ersten Mal praktizierst, fühlt sich das vermutlich merkwürdig und befremdlich an, beim zweiten Mal fällt es dir schon leichter und beim dritten Mal gefällt es dir.

Dieses Buch ist voller Ideen für Rituale, die für uns und die Menschen, mit denen wir arbeiten, funktioniert haben. Finde heraus, was dir gut tut, und nimm dir die Freiheit, mit den Vorschlägen zu spielen und sie zu etwas umzuformen, das zu deinen Bedürfnissen passt.

Denke daran, dass ein Ritual zur Gewohnheit wird, wenn du es ohne Achtsamkeit ausführst. Lass deine Rituale nicht hohl werden – halte sie frisch und bedeutsam, sei voll dabei und lass sie nicht einfach automatisch ablaufen.

WAS, WENN ICH NICHT RELIGIÖS BIN?

Unsere Herkunft ist ziemlich vielseitig – unsere Mutter stammt aus Südafrika, unser Vater aus Indien und wir sind in Hongkong geboren und aufgewachsen, bevor wir uns beide in London niederließen. Von frühester Jugend an sind wir weit herumgekommen. Nadia hat in einem Ashram gelebt und Buddhismus studiert, Katia ist bei ihrer Heirat zum jüdischen Glauben konvertiert und so betrachten wir uns heute als fröhlichen Mischmasch aus Kulturen und Traditionen.

Wir sind glücklich darüber, dass wir im Lauf der Jahre viele verschiedene Rituale kennengelernt haben und diejenigen, die wir kennen und lieben, praktizieren können. Aufgrund unserer Herkunft sind wir stets offen für neue Rituale, die wir so anpassen, dass sie unser Leben verbessern und bereichern.

Ob du religiös, spirituell oder unerschütterlich atheistisch eingestellt bist, wir glauben, dass jeder in seinem Leben nach Sinn sucht. Du findest ihn vielleicht in deiner Arbeit oder in zwischenmenschlichen Beziehungen oder im kreativen Ausdruck. Das ist individuell verschieden.

Unserer Erfahrung nach kann man nur verstehen lernen, was dem eigenen Leben Sinn gibt, indem man entschleunigt, ganz ruhig und still wird und horcht. Unabhängig von deiner Religion oder Nicht-Religion wird dir die Stille eine Antwort liefern. Und Rituale können dir helfen, diese Stille zu finden.

Wir hoffen, dass du dich von einigen Ritualen in diesem Buch angesprochen fühlst. Wir haben versucht, recht eindeutige Anleitungen zu formulieren, dennoch möchten wir, dass du unsere Ideen als Inspiration verstehst. Wir passen unsere Rituale ständig an unser Leben an, das solltest du auch tun.

Lass Rituale dir helfen, wieder zu dir selbst zu kommen.

beginnen

»Dieses menschliche Sein ist ein Gästehaus,
jeden Morgen ein neuer Ankömmling.« *Rumi*

Wie fühlt sich ein Anfang für dich an?

Für uns ist er ein Schritt in jenen Raum hinein, in dem etwas Frisches und Neues zu wachsen beginnt. Anfänge können aufregend sein, aber auch beängstigend. Wir haben festgestellt, dass sie sich bei uns oft am Ende einer sehr harten Zeit einstellen – wie Licht am Ende des Tunnels. Wenn ein Neuanfang dich zu überwältigen scheint, denke daran, dass ein Ende auch der Beginn von etwas Besserem sein kann.

Ein Anfang kann etwas Großes sein, etwa ein neues Zuhause oder eine neue Beziehung – oder etwas ganz Kleines, etwa ein neuer Tag oder sogar nur eine neue Stunde. Das Schöne ist, dass man jederzeit frisch anfangen kann.

Manchmal fällt es schwer zu erkennen, dass man an einem Anfang steht – oft erkennt man erst, dass etwas Neues begonnen hat, wenn man bereits mittendrin steckt. Aber es ist nie zu spät, um innezuhalten und über den Neuanfang nachzudenken – selbst wenn er schon vorbei ist.

Den Jahreszeiten vergleichbar, erleben auch wir Menschen Zeiten des Wachstums und der Veränderung, der Winterruhe und der Erneuerung. Vielleicht erlebst du das parallel zu den Jahreszeiten. Wir kennen auch Menschen, die im Sommer traurig sind und den Winter über alles lieben.

Der Frühling kann die geeignete Zeit für das Aussäen sein (wörtlich oder metaphorisch). Vertraue aber auf deine Intuition und wage einen Anfang, wenn du spürst, dass die Zeit dafür gekommen ist – richte dich nicht nach dem Kalender.

Und nun wollen wir beginnen.

DEIN MORGEN

Wie du deinen Tag beginnst, wirkt sich stark auf seinen restlichen Verlauf aus. Denk daran, wie es ist, wenn du morgens deinen Wecker nicht hörst und dich zügig anziehen musst. Damit sind die Vorzeichen für einen Tag gesetzt, an dem du hektisch bist und ständig das Gefühl hast, den Dingen hinterherzuhetzen.

Nun denke an einen Morgen, an dem du nicht eilig losmusst – vielleicht an einem Wochenende oder im Urlaub. Fühlst du dich nicht anders, wenn du deinen Tag ruhig und entspannt beginnst statt abgehetzt? Wie entwickeln sich die nächsten Stunden, wenn du sanft starten kannst?

Ein Morgenritual, das dir gut tut, hilft dabei, diese sanftere, ruhigere Version deines Selbst zu aktivieren.

Morgenrituale schaffen Raum für Intention und Kontemplation – lass den Beginn des Tages widerspiegeln, wie du seinen weiteren Verlauf erleben möchtest. Es ist sehr wichtig, den kommenden Zeitraum mit Sinn zu füllen.

Überlege dir, wie du diese alltäglichen Rituale so abwandelst, dass sie es dir ermöglichen, dich optimal zu fühlen.

START MIT KERZENSCHEIN

Dies ist ein Ritual für dunkle Wintermorgen, bevor die Sonne aufgegangen ist. Statt gleich nach dem Aufwachen das Licht einzuschalten, bewahre die winterliche Dunkelheit ein wenig länger und zünde ein paar Kerzen an.

Verbringe die ersten 20 Minuten deines Tags im warmen Kerzenschein. Du kannst still dasitzen, dir eine Tasse Tee zubereiten oder in aller Ruhe ein paar Dinge erledigen. Spüre, wie das Kerzenlicht dir einen langsamen Übergang in deinen Tag ermöglicht.

So oft hetzen wir vom einen Moment zum nächsten und vergessen, dass auch die Übergänge unsere Aufmerksamkeit und unseren Respekt verdienen. Indem du dir Zeit nimmst, um den Raum zwischen dem Aufwachen und der stets präsenten Liste mit Erledigungen wertzuschätzen, setzt du die Vorzeichen für den bevorstehenden Tag.

Vielleicht denkst du, dass diese Idee schwer umzusetzen ist, wenn du mit anderen zusammenlebst. Wir haben eine Freundin mit Kindern, die extra ein wenig früher aufsteht als ihre Familie, um diesen ruhigen Moment bei Kerzenschein für sich zu haben. Sobald die Kinder auch auf sind, werden die Lichter eingeschaltet und der geschäftige Tag beginnt. Aber sie hat ihre Zeit für sich gehabt und ist ruhig in den Tag gestartet.

ESPRESSOKANNEN-MEDITATION

Eine Freundin von uns hat eine dieser Espressokannen, bei denen man etwa zehn Minuten warten muss, bis der Kaffee fertig ist. Währenddessen erledigte sie eilig verschiedene Hausarbeiten, um dieses bisschen Zeit, die der Kaffee brauchte, nicht zu verschwenden. Meistens rannte sie dann morgens aus dem Haus und wünschte sich, sie hätte meditiert. Doch sie wusste nicht, wie sie dies in ihren vollgepackten Tag hätte einbauen sollen.

Sie beschloss, etwas zu ändern und morgens keine Hausarbeiten mehr zu verrichten. Die nehmen, wie ihr schließlich bewusst wurde, sowieso niemals ein Ende. Nun setzt sie den Kaffee auf und meditiert, bis er fertig ist. Die Meditation mit dem gewohnten Kaffeekochen zu verbinden, half ihr, sie in ihre Morgenroutine zu integrieren.

Mach du es ebenso zum Teil deiner Morgenroutine, dir für dich selbst Zeit zu nehmen. Meistens achten wir darauf, wie wir aussehen, bevor wir das Haus verlassen, aber wir sollten unsere Aufmerksamkeit auch darauf richten, wie wir uns fühlen, bevor wir der Welt da draußen gegenübertreten. Wir glauben, dass ein täglicher Check-in mit unserem Selbst genauso wichtig ist, wie das Anziehen und Zähneputzen.

Auch wenn du keine italienische Espressokanne hast: Gibt es vielleicht eine ähnliche Gewohnheit in deinem Leben, die du mit einem Moment morgendlicher Stille und Kontemplation verbinden kannst?

Such dir bewusst solche Räume, in denen du still sein kannst.

WERDE KREATIV

Wahrscheinlich kannst du schon nicht mehr hören, dass es keine tolle Idee ist, das Handy ins Schlafzimmer mitzunehmen. Oder es sofort nach dem Aufwachen zur Hand zu nehmen und im Internet zu surfen. Diese Gewohnheit aufzugeben kann schwierig sein – warum versuchst du nicht, sie durch ein kleines Ritual zu ersetzen?

Statt als Erstes nach deinem Handy zu greifen, nimm ein Notizheft und einen Stift zur Hand. Der frühe Morgen ist eine Zeit, in der wir voller Fantasie und Kreativität sind – insbesondere in der Zeit zwischen dem Aufwachen und dem Moment, ab dem wir vollkommen wach sind. In diesen Augenblicken des Aufwachens erinnerst du dich vielleicht noch deutlich an deine Träume.

Nutze diese Zeit, um ein paar Minuten lang in dein Heft zu schreiben oder zu kritzeln. Halte deine Pläne und Hoffnungen für den bevorstehenden Tag auf Papier fest. Indem du dir so Zugang zu deiner Kreativität verschaffst, wählst du die Tonart für den bevorstehenden Tag – statt dies deinem Handy mit einem Trommelfeuer von Nachrichtenmeldungen zu überlassen.

Halte dich nicht damit auf, genau die richtigen Worte zu finden oder aus deiner Zeichnung etwas Eindrucksvolles und Schönes zu machen. Es geht nicht darum, perfekt zu sein, sondern darum, die Fantasie ohne Vorbehalt oder Urteil fließen zu lassen. Du wirst überrascht sein, was in diesen frühen Morgenstunden auf dem Papier entsteht.

WAKE ME UP BEFORE YOU GO-GO

Katias neuestes Morgenritual ist dadurch entstanden, dass ihr Jüngster äußerst ungern aufsteht. Huxleys morgendliche schlechte Laune war für die ganze Familie schwer zu ertragen. Wenn der Wecker nun angeht, spielt er »Wake me up before you go-go« von Wham! und alle beginnen den Tag damit, im Schlafzimmer zu tanzen. Dass Huxley jetzt morgens gut gelaunt ist, bedeutet ein Ärgernis weniger – ein echter Gewinn auch für die Mutter.

Huxley macht diese neue Gewohnheit Spaß und er erkennt nicht unbedingt, dass er sich gut fühlt, weil er sich als Erstes bewegt oder einem Ritual folgt. Wir wissen aber aus Erfahrung (und aus der Wissenschaft!), dass Bewegung unweigerlich die Morgenlaune hebt.

Man könnte meinen, dass morgendliche Bewegung bedeutet, eine Stunde im Fitnessstudio zu verbringen oder eine ganze Yoga-Session zu absolvieren. Doch es reicht tatsächlich vollkommen aus, zu einem Song im Radio zu tanzen.

Versuche, morgens etwas Zeit zu finden, um dich irgendwie zu bewegen. Und wenn du dabei lachen kannst, ist das in unseren Augen umso besser.

EINMAL TÄGLICH

Dies ist ein sehr einfaches Ritual, aber eines, das deinen Tag verändern kann. Versprich dir selbst, dass du heute – oder an einem beliebigen anderen Tag – erst nach Hause gehst, wenn du jemandem etwas Gutes getan hast.

Erstmals haben wir von diesem Ritual in einem Interview mit der Schauspielerin Olivia Colman gelesen. Und wir haben diese schöne Idee sofort übernommen.

Es geht nicht darum, dich selbst jeden Tag vor eine große Aufgabe zu stellen, sonst wirst du wahrscheinlich schnell wieder aufhören. Halte dein Ritual klein und realistisch. Vielleicht hilfst du jemandem, die Einkaufstaschen zu tragen, oder überlässt jemandem im Zug deinen Sitzplatz. Im Winter kann man mehrere Paare warme Socken in der Tasche haben, um sie Obdachlosen zu schenken – sauber und trocken zu bleiben ist schwierig, wenn man keinen sicheren Schlafplatz hat.

Wir glauben, es ist eine gute Sache, einer Wohltätigkeitsorganisation Geld zu spenden. Aber: Uns ist bewusst geworden, dass sich das mit einer Online-Überweisung zwar sehr praktisch erledigen lässt – doch damit bleiben wir auf Distanz zu denjenigen, die unsere Hilfe benötigen, weil wir sie nicht sehen und uns daher mit ihnen auch nicht näher beschäftigen. Das kleine tägliche Ritual ermöglicht uns hingegen, uns mit unseren Mitmenschen verbunden zu fühlen. Und wenn wir uns gegenseitig helfen, haben wir alle etwas davon.

Du wirst merken, wie dieses kleine Ziel deine Aufmerksamkeit von deinen eigenen Belangen abzieht und darauf richtet, wie du anderen helfen kannst. Wenn du Möglichkeiten suchst, Gutes zu tun, hast du weniger Gelegenheit, dich wegen dir selbst (oder anderen) schlecht zu fühlen.

DAS BETT MACHEN

Winzige Rituale, wie dieses, mögen unbedeutend erscheinen, sie haben aber die Kraft zu verändern, wie du dich fühlst. Indem du dein Bett machst und dein Schlafzimmer aufräumst, bevor du das Haus verlässt, erweist du dir selbst Respekt und Fürsorge. Der Akt, dich um dich und deine Umgebung zu kümmern, wirkt sich auf alles andere, was du tust, aus.

Wenn du glaubst, diese Veränderung sei zu klein, um einen Unterschied zu machen, probier das Ritual aus, bevor du seinen positiven Effekt abtust. Der US-amerikanische Admiral William McRaven hielt eine berühmte Rede vor Universitätsabsolventen, in der er den Zuhörern folgenden Rat gab: Wolle man die Welt verändern, solle man damit beginnen, sein Bett zu machen, weil die erfolgreiche Ausführung kleiner Aufgaben zur erfolgreichen Ausführung größerer Aufgaben führe.

Manch einer meint, dass eine Veränderung in unserem Leben nur durch einschneidende Ereignisse wie einen Umzug oder eine neue Beziehung eintritt. Dabei sind es oft die kleinsten Handlungen, die den größten Unterschied machen.

Denk also nicht, dass Bettenmachen langweilig ist, sondern stell dir vor, wie gut es sich anfühlt, in ein einladendes, Ruhe ausstrahlendes Schlafzimmer zu kommen. Und wenn du einen schrecklichen Tag hattest, erinnert dich dein gemachtes Bett daran, dass du ihn überstanden hast und du morgen frisch beginnen kannst.

FRÜHLING

Weicht der Winter allmählich dem Frühling, verspüren viele von uns den Drang, vieles zu verändern und die Dinge neu zu ordnen.

Am ersten sonnigen Frühlingstag sehen wir plötzlich die schmutzigen Fenster oder die verstaubten Regale, die uns an dunklen Winterabenden nicht weiter aufgefallen sind. Wir merken, dass die Tage wieder heller werden und energetisch ein Wandel vom Winterschlaf zu Erwachen und Wachstum stattfindet.

Es ist schön, nun den Wechsel der Jahreszeiten von der Dunkelheit hin zum Licht zu zelebrieren. Wir wollen den Frühling in unserem Heim willkommen heißen und uns darüber hinaus überlegen, welche Bereiche unseres Lebens ein wenig frische Energie und Aufmerksamkeit brauchen könnten.

SCHÜTTLE DAS HAUS AUS!

Eines unserer Lieblingsrituale um diese Jahreszeit ist der gute alte Frühjahrsputz. In der persischen Tradition ist nun die Zeit für das Khane-tekani gekommen, was wörtlich bedeutet »das Haus ausschütteln«. Es soll seinen Ursprung in dem zoroastrischen Glauben haben, dass Reinlichkeit das Böse fernhält.

Während des Khane-tekani tun sich alle Mitglieder eines Haushalts zusammen, um jede Ecke und jeden Winkel des Heims zu schrubben und zu putzen. Teppiche und Vorhänge werden gereinigt, kaputte Möbel repariert oder entsorgt und der gesamte Abfall aus der Vergangenheit wird weggebracht.

Dann werden überall im Haus gut riechende Blumen aufgestellt, beispielsweise Hyazinthen, die die Luft mit dem Duft des Frühlings erfüllen.

Welche Schritte kannst du unternehmen, um dein Zuhause von der abgestandenen Winterluft zu befreien und die neue Jahreszeit hereinzulassen? Mach dir bewusst, warum du dein Haus ausschüttelst. So verleihst du deinem Ritual einen höheren Sinn und es fühlt sich nicht an wie schnöde Hausarbeit.

Die folgenden Schritte kannst du an einem Tag erledigen oder auf mehrere Male verteilen. Wenn du mit anderen in einem Haushalt lebst, lass alle ihren Teil beitragen, damit nicht der Großteil der Arbeit an dir hängen bleibt.

* Schüttle deine Vorhänge und Teppiche draußen aus – hänge sie einfach aus dem Fenster, wenn du keinen Platz im Freien dafür hast. Kannst du sie auf eine Wäscheleine hängen und mit einem Stock oder Regenschirm ausklopfen, um sie von Staub zu befreien, ist das noch besser (oder lass die Kinder das tun, sie werden begeistert sein).

* Hänge Bettdecken, Kopfkissen und Sofakissen hinaus in die Sonne.

* Wenn Mobiliar oder Geschirr kaputt oder beschädigt ist, repariere es oder wirf es weg. Sorge dafür, dass die Gegenstände, mit denen du dich umgibst, in Ordnung sind und funktionieren. Lass dir keine Energie dadurch rauben, dass du ständig Dinge siehst, die in Ordnung gebracht werden müssen.

* Manche Menschen im Iran räuchern ihr Zuhause nach dem Frühjahrsputz mit einem Kraut namens Steppenraute. Es wirkt reinigend und verleiht den Räumen einen angenehmen Duft. Hierzulande ist dieses Kraut schwierig zu finden, daher verwenden wir stattdessen Salbei oder Palo Santo.

* Wische deine Böden mit Wasser, dem du einige Tropfen eines frischen und energiespendenden ätherischen Zitrusöls zusetzt. Wir lieben Bergamotte, wilde Orange oder Grapefruit.

* Beseitige alle Unordnung und behalte nur die Dinge, die dir wirklich etwas bedeuten. Wenn wir in einem Bereich unseres Lebens Platz schaffen, öffnen wir alle Bereiche für mehr Weiträumigkeit.

* Öffne sämtliche Fenster und lass die frische Luft die neue Frühlingsenergie hineintragen.

* Stelle überall in deinem Zuhause Frühlingsblumen auf. Das muss nicht teuer sein – ein großer Strauß Narzissen ist um diese Jahreszeit wirklich bezahlbar.

ERRICHTE EINEN ALTAR

Uns ist bewusst, dass das Wort »Altar« manche Menschen zurückzucken lässt. Aber das muss nichts Religiöses sein. Vielmehr bietet sich so die Möglichkeit, den Dingen, die einem wichtig sind, zuhause einen festen Platz zu geben.

Denk nur an die Sammlungen gerahmter Familienfotos, die manche bei sich aufstellen. Dabei fällt einem sicher nicht gleich der Begriff »Altar« ein, aber man führt so sich selbst und anderen die Menschen und Ereignisse vor Augen, die einem wichtig sind.

Der Wechsel der Jahreszeiten kann ein sehr geeigneter Moment sein, um einen Altar zu errichten. Im Frühling beispielsweise kann man ihn mit Dingen bestücken, die für Wachstum, In-die-Welt-Kommen und Ziele stehen.

* Such für deinen Altar einen Platz, an dem du ihn jeden Tag siehst. Wenn es dir lieber ist, kannst du ihn auch in einem Schrank verbergen.

* Schaffe an dem Platz Ordnung und reichlich Raum für die von dir ausgewählten Gegenstände. Du kannst auch ein schönes Tuch unterlegen.

* Wir zum Beispiel schreiben unsere kleinen und großen Ziele auf und legen sie auf den Altar, manchmal mit Fotos oder anderen Bildern.

* Wir stellen gerne eine Kerze auf unseren Altar als Symbol für Licht und Hoffnung. Indem wir sie täglich anzünden, machen wir uns unsere Ziele bewusst.

* Häufig verwenden wir Kristalle, je nachdem, was wir in unser Leben ziehen wollen. Rosenquarz soll Liebe fördern und Pyrit Manifestation. Auf Seite 184 findest du eine Liste mit weiteren Kristallen und ihren Eigenschaften.

* Überlege, ob du dir Palo Santo, einen Salbeistab oder Weihrauch kaufen möchtest, um dein Haus zu reinigen.

STEH MIT DER SONNE AUF

Sich Zeit zu nehmen, um den Sonnenaufgang zu betrachten, das tun die meisten wohl nur im Urlaub an einem schönen Ort – aber die Sonne geht jeden Tag auf und unter, egal wo du bist. Selbst wenn du den Horizont von deinem Haus aus nicht sehen kannst, findest du bestimmt eine Stelle, wo das Sonnenlicht dich erreicht.

Probiere aus, wie es ist, eine Woche lang jeden Morgen mit der Sonne aufzustehen. Am einfachsten lässt sich das in den ersten Frühlingswochen umsetzen, also bevor die Sonne superfrüh aufgeht.

Finde heraus, um welche Uhrzeit der Sonnenaufgang in der Woche, die du ausgewählt hast, stattfindet und lass dich von deinem Wecker ein paar Minuten früher wecken. Schalte beim Aufwachen kein Licht an – und greif auch nicht nach deinem Handy. Nimm einfach nur wahr, wie das Licht ist, bevor die Sonne aufgeht.

Sitz ruhig da und beobachte, wie das Licht allmählich hereinkommt. Beobachte, wie sich der Raum verändert, wenn die Sonne höher steigt. Spüre das Sonnenlicht auf deiner Haut – nimmst du wahr, wie dein Körper reagiert, auch wenn keine Wärme zu spüren ist?

Nimm einen Augenblick lang deine Verbundenheit mit dem täglichen Kreislauf von Dunkelheit und Licht wahr. Sei dankbar für alles, was die Sonne uns bringt – Wärme, Licht, das Wachstum der Pflanzen, das gesamte Ökosystem, das uns trägt und unterstützt.

SCHRUBB DEN WINTER AB

Im Frühjahr verspüren wir den Drang, die vielen Lagen unserer schweren Winterkleidung abzulegen und der Welt ein bisschen mehr von uns zu zeigen. Als noch nicht jedermann ein eigenes Badezimmer zuhause hatte, nahmen die Menschen den Anbruch des Frühlings zum Anlass, um sich im Hammam oder im Badehaus zur jahreszeitlichen Reinigung zu treffen.

Wir lieben vor allem zu dieser Zeit die Anwendung eines Salzpeelings vor dem Duschen. Es lässt uns spüren, dass wir die hinter uns liegende Jahreszeit abschrubben und frisch und sauber in etwas Neues gehen. Es ist, als würden wir unsere alte Haut abwerfen.

Wenn du empfindliche Haut hast, verwendest du für dieses Peeling statt Salz lieber Zucker, da er sanfter ist. Verwende maximal zehn Tropfen ätherisches Öl je 100 Gramm Salz.

SALZPEELING

- 100 g feines Salz (wir nehmen rosa Himalajasalz)
- 50 g Kokosöl, leicht erwärmt, bis es flüssig ist
- 5 Tropfen ätherisches Geranienöl für Optimismus
- 5 Tropfen ätherisches Lavendelöl zur Entspannung

Vermische alle Zutaten. Das Peeling lässt sich in einem luftdicht verschließbaren Glas mit Deckel aufbewahren.

EIN NEUES BABY

Ein neues Leben ist wohl der größte denkbare Anfang – für das Baby, die Mutter und die gesamte Familie. Die erste Zeit nach der Geburt kann unglaublich intensiv sein. Deshalb ist es umso wichtiger, dass die Familie sanfte und einfache Rituale findet, um die enormen Veränderungen zu würdigen, die sie nun erlebt.

Es gibt viele traditionelle Rituale rund um die Geburt eines Babys – von der Taufe bis zu Zeremonien der Namensgebung. Wir vermuten, dass du bereits eine Vorstellung von den großen Ereignissen hast, mit denen du dein Baby förmlich willkommen heißen möchtest. Unsere Rituale sind intimer, sie schenken dir Augenblicke der Besinnung und der Verbundenheit, die dir hoffentlich helfen, dich auf den Neuankömmling vorzubereiten und ihn willkommen zu heißen.

Wenn du dein erstes Kind bekommst, sei sanft zu dir in dieser Zeit, die sicher einige Herausforderungen mit sich bringt. Vielleicht kannst du in den ersten Wochen nicht einmal die einfachsten Rituale schaffen, aber das ist vollkommen in Ordnung. Denk daran, dass ein Ritual dich unterstützen und dir kein schlechtes Gewissen machen soll. Wir wissen, dass in dem Gebet einer Mutter für ihr Baby die stärkste aller Intentionen liegt.

SCHWANGERSCHAFTSRITUAL

Dies ist ein intimes, persönliches Ritual, das du allein praktizierst, vielleicht auch mit deinem Partner.

Besorge dir einen Haramaki, einen traditionellen japanischen Bauchwärmer aus weicher Baumwolle, der den Bauch während und nach der Schwangerschaft warm hält. Man findet sie in vielen Geschäften und im Internet. Wenn dir das nicht gefällt, kannst du auch einfach ein Stück Seide oder Bio-Baumwolle nehmen; geeignet sind Stoffe, die weich, bequem und aus Naturfasern sind.

Nimm einen Textmarker und beschrifte den Stoff mit liebevollen Botschaften für dein Baby, beispielsweise:

Komme sanft in diese Welt.

Mögest du glücklich und gesund sein.

Wir lieben dich und können es kaum erwarten, dich kennenzulernen.

Wickle dann deinen Bauch und dein Baby in deine Gebete und Wünsche ein.

Bei einem noch einfacheren Ritual flüsterst du deinem Baby deine Gebete und Wünsche zu und massierst dir währenddessen den Bauch mit Bio-Kokosöl.

SEGNEN DER MUTTER

Du kannst uns für sentimental halten, aber wir glauben, dass der wahre Segen einer Babyparty nicht in den Geschenken liegt, sondern in der Zusammenkunft von Freundinnen, die der jungen Mutter und ihrem Baby ihre Liebe geben und ihre guten Wünsche überbringen.

Wir führen unsere alternative Segnung der Mutter am liebsten während des letzten Vollmonds vor dem Geburtstermin des Babys durch. Der runde, volle Mond wird traditionell mit dem schwangeren Bauch in Verbindung gebracht. Man kann dieses Ritual aber auch zu jedem anderen Zeitpunkt während der Schwangerschaft durchführen.

Die engsten Freundinnen der zukünftigen Mutter versammeln sich bei ihr und bringen eine schöne, lange, Seidenschnur mit – etwa in Rot, der Glücksfarbe der Chinesen, oder einer beliebigen anderen Farbe, die der Mutter gefällt.

Jede Freundin hat einen kleinen Glücksbringer dabei, der sich auf die Schnur ziehen lässt und der ihre Hoffnungen und Wünsche für die Mutter und das Baby symbolisiert.

Die Mutter hält die Schnur in den Händen, während die Freundinnen ihr nacheinander die Glücksbringer überreichen und diese auffädeln. Jede Freundin gibt ihrem Glücksbringer eine persönliche Bedeutung und erzählt der Mutter, warum sie genau diesen mitgebracht hat.

Am Ende dieses Segnungsrituals hat die zukünftige Mutter eine Halskette geschenkt bekommen, die aus Glücksbringern von den Menschen besteht, die sie lieben. Sie kann diese Kette während der Geburt in den Händen halten oder um den Hals tragen und sich durch sie auch später immer wieder an die Unterstützung und die Liebe erinnern lassen, von der sie getragen wird.

DAS BABY WILLKOMMEN HEISSEN

Nimm dir etwas Zeit, um dir eine Willkommensbotschaft zu überlegen, die du und dein Partner eurem Baby als Erstes ins Ohr flüstert, wenn es geboren wurde. Wählt eure Worte mit Bedacht und stellt sie euch als Mantra vor, das euer Baby in sein neues Leben mitnimmt.

Stell dir vor, du wärst das Baby. Welche Worte würdest du gerne als Erstes hören?

Vielleicht möchtest du deinem Baby Gesundheit wünschen oder Kraft. Vielleicht möchtest du ihm von den Menschen erzählen, die es erwarten und von Anfang an lieben. Die Wünsche für euer Baby sind sehr persönlich und unmittelbar mit euch und eurer Situation verbunden: Nimm dir also Zeit zum Nachdenken.

Eventuell möchtest du aufschreiben, was du sagen willst. Deine Notizen kannst du deinem Kind später geben, um ihm zu zeigen, wie sehr es vom ersten Tag an willkommen war und geliebt wurde.

Sei bei diesem Ritual auch liebevoll zu dir selbst. Wenn du eine schwierige Geburt hattest, bist du vielleicht nicht in der Lage, deinem Baby diese Worte sofort zu sagen. Der Gedanke und die Absicht allein genügen.

TÄGLICHE RITUALE FÜR JUNGE MÜTTER

Jede Mutter wird bestätigen können, dass sich in den ersten Monaten nach der Geburt viele Aufgaben immer wiederholen. Das ständige Stillen, Wickeln und Beruhigen eines weinenden Babys kann verdammt anstrengend sein.

Manchmal hilft es, diese wiederkehrenden täglichen Aufgaben mit etwas sanfter Achtsamkeit anzureichern.

- Während du dein Baby badest, kannst du in Gedanken ein kleines Gebet für sein Glück und das Glück aller Lebewesen aussenden.
- Während du dein Baby stillst, kannst du deine Aufmerksamkeit auf deinen Atem lenken, statt dich mit deinem Handy zu befassen, und beim Einatmen bis zwei und beim Ausatmen bis vier zählen.
- Während du mit deinem Baby auf dem Arm umhergehst, um es zum Einschlafen zu bringen, versuche, deine Schritte zu zählen. Damit kannst du verhindern, dass deine Gedanken um die Frage »Werde ich jemals wieder genug Schlaf bekommen?« kreisen und du in Panik gerätst, insbesondere mitten in der Nacht.

Mach dir keine Vorwürfe, wenn dir das nicht sofort gelingt. Stillen kann kaum meditativ sein, wenn das Anlegen des Babys mit Schwierigkeiten verbunden ist. Und wir wissen, dass das Baden superstressig sein kann und nicht das vergnügliche Herumplatschen, das wir uns vielleicht vorgestellt haben.

Erlaube dir einfach, im Augenblick zu sein. Nimm ihn genau so, wie er ist, und denk daran – ob gut oder schlecht –, er wird vorübergehen.

Jonah makes my heart shine
1st Birthday 2008

DAS NEUGEBORENE KENNENLERNEN

Wir sind der Ansicht, dass jemand, der eine Familie mit einem Neugeborenen besucht, etwas Nützliches mitbringen sollte, etwa ein zubereitetes Essen oder einen Kuchen. Und wir wissen, dass die besten Geschenke für junge Mütter oft solche sind, die man nicht sehen kann – beispielsweise das Baby im Arm zu halten, damit die Mutter in Ruhe duschen kann, ihr Bett frisch zu beziehen oder mit ihrem Kind einen Spaziergang im Park zu machen.

Als liebevolle Geste kann man dem Kind beim ersten Kennenlernen ein kleines symbolisches Geschenk mitbringen. Wir mögen es, wenn sie kreativ sind und für eine Eigenschaft oder eine Intention stehen, die das Baby durchs Leben führt. Es könnte etwas so Einfaches sein wie ein Amethyst, der für Ruhe, Entspannung und Schutz steht.

Die Eltern können im Kinderzimmer ein kleines Regal aufstellen, in dem alle Glücksbringer aufbewahrt werden. Dort sind sie dem Baby nahe.

Du kannst an jedem Geburtstag weitere Glücksbringer und selbstgemachte Geschenke ergänzen. Als Katias Sohn Jonah ein Jahr alt wurde, malte Nadia für ihn ein kleines Bild, das sie einrahmte. Zehn Jahre später hängt es immer noch in seinem Zimmer.

EIN NEUES ZUHAUSE

Ein Umzug kann so vieles bedeuten, zum Beispiel einen Neuanfang, Familienzuwachs oder veränderte Lebensumstände. Welche Gründe auch gegeben sein mögen, es ist gut, in deinem neuen Zuhause mit hoffnungsvollen Intentionen zu starten. Wir sind in unserem Leben oft umgezogen und Rituale haben uns geholfen, uns zuhause zu fühlen, wo immer wir waren. Wir hoffen, dass einige dieser Rituale auch dir das Gefühl geben, im neuen Heim anzukommen.

DEIN NEUES HEIM VON ALTEN ENERGIEN BEFREIEN

Du würdest in einem neuen Zuhause nicht in die Badewanne steigen, ohne sie vorher zu putzen. Stell dir dieses Ritual als eine Art energetische Reinigung vor, damit du bildlich gesprochen nicht in gebrauchtem Badewasser sitzt.

Das hat nichts mit schlechten Schwingungen oder gar Exorzismus zu tun. Vergiss die gruselige Vorstellung, dass dein neues Zuhause eine »schlechte Energie« haben könnte – die Energie von anderen ist nicht schlecht, sondern einfach nicht deine!

Du kannst dieses Ritual auch anwenden, wenn du nicht umgezogen bist, sondern dich von der Energie eines ausgezogenen Mitbewohners, einer vergangenen Beziehung oder vielleicht einer schwierigen privaten Situation, die du hinter dir lassen möchtest, befreien willst.

* Stell kleine Teller mit Salz in die Ecken jedes Zimmers. Lass sie mehrere Stunden oder einen Tag lang stehen und wirf das Salz dann weg. Im Feng-Shui soll Salz negative Energie absorbieren und einen Raum neutralisieren.

* Öffne alle Fenster und zünde einen Salbeistab oder Weihrauch an, um die Luft zu reinigen.

* Klatsche in jedem Zimmer laut in die Hände, um abgestandene Energie zu zersetzen. Feng-Shui will die Energie eines Orts zum Fließen bringen, sodass sie nicht schal wird.

FÜHRE DICH SELBST IN DEIN NEUES ZUHAUSE EIN

Wenn du in deinem neuen Heim ankommst, bleib erst einmal eine Weile ruhig darin sitzen, bevor du irgendetwas hineinstellst. Wechsle den Platz und finde so die Stelle, die sich wie seine Mitte anfühlt. Setz dich dorthin, nimm mehrere tiefe Atemzüge und lass dein neues Zuhause wissen, dass du da bist. Du kannst sogar laut Hallo sagen.

Wir wissen, das klingt verrückt. Und vielleicht sind wir das ja, aber wir haben genau dies an jedem Ort getan, an dem wir gewohnt haben.

Eine solche Einführung hört sich in etwa so an:

»Hallo, neues Zuhause. Wir sind hier und freuen uns unglaublich, in dir zu wohnen. Danke, dass du uns ein Dach über dem Kopf und Sicherheit bietest. Wir wissen, dass nicht jeder so viel Glück hat wie wir, und wir sind sehr dankbar, die Möglichkeit zu haben, hier zu wohnen.«

Du kannst dieser kleinen Ansprache hinzufügen, was du möchtest. Nimm noch ein paar tiefe Atemzüge, sitz einfach und spür dein neues Heim. Zünde eine Kerze an, wenn du magst, und lass einen Moment lang die Räume deine Energie willkommen heißen.

EIN NEUES ZUHAUSE SEGNEN

Dies ist ein wunderschönes Ritual, das wir gerne durchführen, wenn wir alles umgezogen haben und das neue Zuhause Gestalt angenommen hat.

Kauf ein paar frische Blumen und pflück die Blüten von den Stängeln. Bereite dann einen kleinen Teller für jeden Raum vor, auch für das Badezimmer und den Eingangsbereich. Setze jeweils ein Teelicht mitten auf die Teller und arrangiere die Blüten drum herum.

Gehe in jedes einzelne Zimmer, zünde dort die Kerze an und formuliere jeweils ein kleines Gebet oder eine Intention für diesen besonderen Raum. Das kannst du tun, indem du in jedem Raum meditierst oder Zettel mit selbst formulierten Texten hineinlegst – sei so kreativ, wie du möchtest.

Im Wohnzimmer kannst du dir beispielsweise Harmonie in der Familie wünschen, im Kinderzimmer das Gefühl von Sicherheit und Geborgenheit. In einem Schlafzimmer kann es um eine liebevolle und leidenschaftliche Beziehung gehen. Im Badezimmer wünschen wir uns immer gute Reinigung (das ist wichtig!).

Füll dein neues Heim mit den Intentionen und Wünschen aller, die darin leben. Denk daran, alle Kerzen in den Räumen zu löschen, bevor du das Zuhause verlässt oder zu Bett gehst.

Safe
happy
healthy
MANUFACTURES DE L'ÉTAT
40
ALLUMETTES SOUFRÉES
CONTRIBUTIONS
INDIRECTES
A TENIR A L'ABRI DE L'HUMIDITÉ

AUF GUTE NACHBARSCHAFT

Jeder freut sich, wenn er nette Menschen um sich hat. Ob du diejenige bist, die frisch einzieht, oder diejenige, die schon vorher da war – warum solltest du nicht mit einem kleinen Geschenk die Beziehung symbolisieren, die du dir mit deinen neuen Nachbarn erhoffst?

Eine harmonische Nachbarschaft zu entwickeln ist eine Aufgabe für uns alle. Warte nicht darauf, dass jemand anderes sich aufrafft, um dich zu begrüßen. Denk auch nicht, es sei unwichtig, Kontakt aufzunehmen, weil du gerade erst eingezogen bist. Wir wollen damit nicht sagen, dass du mit all deinen Nachbarn sehr gut befreundet sein solltest, aber eine kleine Geste kann die Weichen richtig stellen, insbesondere am Anfang einer Bekanntschaft.

Das traditionelle jüdische Willkommensgeschenk bei einem Einzug in ein neues Zuhause besteht aus Brot, Salz und manchmal auch Honig. Brot und Salz stehen für die Notwendigkeiten, Honig für den Wunsch, dass das Leben voller Süße sein möge. Nahrungsmittel als Geschenk zeigen auch, dass man seinen Nachbarn wünscht, dass sie immer gut mit Vorräten ausgestattet sind – wortwörtlich wie metaphorisch.

Wir backen gerne einen Kuchen oder Plätzchen als Zeichen der Freundlichkeit und Harmonie, die gute Nachbarn einander entgegenbringen. Wenn du nicht backen kannst, kauf etwas Entsprechendes – das Wichtigste ist die Absicht, die dahintersteht.

EIN NEUES JAHR

Ist es nicht tröstlich zu wissen, dass der Kalender mehrmals im Jahr mit einem Neujahrstag aufwartet? So gibt es den 1. Januar, das chinesische Neujahr, den jüdischen Neujahrstag und andere mehr. Und jeder fühlt sich an wie die Chance für einen Neuanfang.

Wir sind in Hongkong aufgewachsen. Bis heute besucht unsere Mum an jedem chinesischen Neujahrstag den Tempel, um uns einen kleinen Glücksbringer für das kommende Jahr zu kaufen. Sie hätte gerne, dass wir sie im BH tragen, damit sie uns immer wortwörtlich nah am Herzen sind, aber wir legen sie einfach in unsere Portemonnaies.

Lass deine Neujahrsrituale, wann immer du sie feierst, die Qualitäten repräsentieren, die du in das bevorstehende Jahr bringen möchtest.

NEUJAHRSVORSÄTZE

Gönne dir am Neujahrstag einige ruhige Augenblicke und überlege dir drei Dinge aus dem letzten Jahr, die du gern loslassen möchtest.

Ich bin bereit loszulassen, was mir nicht länger dienlich ist.

Ich bin bereit loszulassen, alles kontrollieren zu wollen.

Ich bin bereit loszulassen, mich nicht so zu akzeptieren, wie ich bin.

Überlege dir dann drei Dinge, die du im neuen Jahr willkommen heißen möchtest. Formuliere diese Vorsätze positiv und lass sie nicht wie eine Strafe klingen.

Ich bin freundlich zu mir und zu anderen.

Ich bin in meinen Beziehungen präsent.

Ich liebe meinen Körper und alles, was er für mich tut.

Wenn du einen Altar errichtet hast, kannst du deine Vorsätze auch dort hinterlegen. So kannst du das ganze Jahr über auf sie zurückkommen.

NEUJAHRSPUTZ

Viele Traditionen rund um das chinesische Neujahr feiern wir immer noch und haben sie auf das westliche Neujahr übertragen. Eines dieser Rituale ist ein großer Hausputz als Vorbereitung für das kommende Jahr.

Das chinesische Wort »Staub« klingt genauso wie das Wort für »alt« – es ist also doppelt wichtig, das Haus möglichst gründlich zu säubern. Es geht darum, sich vom alten Jahr vollständig zu befreien, bevor das neue Jahr beginnt.

Schrubb die Böden und die Wände, schieb allen Staub und Schmutz aus dem alten Jahr zur Wohnungstür oder aus dem Haus heraus.

Bezieh die Betten frisch, räum alles auf und stell dir Neujahr als einen Gast vor, den du in deinem frischen, sauberen Heim willkommen heißt.

Es ist üblich, den großen Hausputz am Tag vor Neujahr zu machen. Würde man das Haus am Neujahrstag putzen, so der Glaube, würde man das Glück für das bevorstehende Jahr wegwaschen. Sorge also dafür, dass die große Silvesterparty bei jemandem stattfindet, der dies nicht glaubt!

MACH KRACH

In der chinesischen Tradition werden an Neujahr Kracher angezündet, um die alte, stagnierende Energie zu zersetzen und Platz für neue zu schaffen.

Wenn du kein Feuerwerk veranstalten kannst oder möchtest, zünde stattdessen Partyknaller oder ein Tischfeuerwerk an, schlage Topfdeckel aneinander oder gehe durch das Haus und klatsche dabei laut in die Hände.

Denk an die neue Energie, die du so hereinbringst und die die alte ersetzt.

STOSST AUF EURE WÜNSCHE AN

Wir stellen immer wieder fest, dass die meisten Leute bei Ritualen, bei denen Sekt oder Champagner im Spiel ist, begeistert mitmachen. Wenn du keinen Alkohol trinkst, kannst du auch jedes andere Getränk nehmen, beispielsweise ein spritziges Holunderblütengetränk. Wir haben dieses Ritual von russischen Freunden übernommen, die Partys lieben.

Du brauchst eine Flasche Sekt, Champagner oder ein anderes von dir ausgewähltes Getränk, das prickelt, Gläser und ein Päckchen Zigarettenpapier oder anderes Papier, das leicht brennt.

Dieses Ritual wird in den letzten Minuten des alten Jahres durchgeführt, kurz bevor der Countdown für Mitternacht beginnt.

* Schenke allen Gästen ein Glas Sekt oder Champagner ein.
* Lass sie ihre Wünsche für das neue Jahr auf ein Zigarettenpapier schreiben.
* Jeder nimmt ein Streichholz und zündet sein Papier an, hält es über das Glas und lässt es abbrennen, sodass die Asche hineinfällt.
* Zu Beginn des neuen Jahres stoßen alle an und trinken ihr Getränk (mit ihren Wünschen darin).

HALTE INNE und überlege, womit du an diesem Tag, in diesem Monat oder in diesem Jahr gerne beginnen möchtest.

BEOBACHTE, wie du dich fühlst, wenn du über Neuanfänge, große oder kleine, nachdenkst. Bist du aufgeregt? Nervös? Wo in deinem Körper spürst du diese Empfindungen?

FORMULIERE DEINE INTENTION: Welches Ziel oder welchen Traum möchtest du nun in die Tat umsetzen? Und welches Ritual könntest du ab heute durchführen, das dich unterstützt und den Raum für deinen Neuanfang schafft?

einladen

»Wir sind, was wir denken. Alles, was wir sind, entsteht durch unsere Gedanken. Mit unseren Gedanken formen wir die Welt.«

Buddha

Eine unserer Lieblingsautorinnen, Anne Lamott, sagt, die einzigen Gebete, die man braucht, sind »Hilfe«, »Danke« und »Wow«. In diesem Kapitel unseres Buches geht es um das erste Thema. Es ist in Ordnung, wenn du in manchen Bereichen deines Lebens Hilfe suchst – niemand kann alles allein bewältigen.

Wenn wir etwas zu uns einladen und um etwas bitten, das wir uns wünschen, fühlen wir uns vielleicht verletzlich, manchmal sogar ängstlich. Aber gerade darin liegt für uns die Möglichkeit zu wachsen. Es ist ziemlich mutig, dir zu erlauben, darüber nachzudenken, was in deinem Leben fehlt, und darum zu bitten. Dir darüber klar zu werden, was du brauchst – ob von dir selbst oder von anderen –, kann eine sehr starke Kraft für Veränderung freisetzen.

Wenn du dir eine Liebesbeziehung wünscht, überlege dir, welche Eigenschaften die andere Person haben soll: freundlich, lustig, fürsorglich? Überlege, wie du dich in dieser Beziehung fühlen würdest: geborgen, geliebt, bewundert?

Wünschst du dir Fülle, denke darüber nach, wie sie sich in deinem Leben manifestieren könnte: Wärst du großzügiger und besser in der Lage, Bedürftigen etwas zu geben? Hängt dieser Wunsch mit Sicherheit und Schutz zusammen?

Halte dich nicht zu sehr mit Details auf, wenn du etwas zu dir einlädst. Denn vielleicht werden deine Vorstellungen nicht genau so wahr, wie du es dir ausmalst. Wir müssen offen und neugierig bleiben, wie unsere Wünsche erfüllt werden, und bereit sein, das, was kommt, anzunehmen.

Alle Rituale sind eine Art Einladung. Wir beschreiben einige, von denen wir hoffen, dass du sie ausprobierst.

LIEBE EINLADEN

Wir glauben nicht an Liebeszauber, aber daran, dass man sich darüber klar sein sollte, was man einladen möchte. Und wir glauben, dass sich die Ergebnisse nicht unbedingt sofort einstellen – es ist unwahrscheinlich, dass jemand an die Tür klopft, sobald du dein Ritual beendet hast. Aber wenn du weißt, was du brauchst, und auf deine Bedürfnisse achtest, erkennst du leichter, wie deine neue Liebe aussehen soll.

DIE LIEBESECKE

Laut Feng-Shui findest du die Liebesecke deines Heims, indem du dich vor die Haus- oder Wohnungstür stellst und hineinschaust. Von diesem Punkt aus gesehen die Ecke ganz hinten rechts – das ist deine Liebesecke.

HINZUFÜGEN

Zeichen der Liebe, vor allem rote, weiße oder rosa Gegenstände, jeder hat seine eigenen Symbole

Fotos glücklicher Paare

Paarweise Gegenstände, etwa zwei Kerzen oder Teelichter

Frische Blumen oder eine Pflanze

Zwei Rosenquarze – dieser Kristall ist am engsten mit Liebe verbunden

ENTFERNEN

Bilder von Ex-Freunden oder mit nur einer Person

Stachelige und dornige Pflanzen

Spiele und Spielsachen (du willst ja keinen Spieler einladen!)

Fernseher oder andere Ablenkungen

Gepäck (wortwörtlich: keine Koffer)

Abfalleimer

LIEBE FÜR DEIN SCHLAFZIMMER

Wenn es um das Thema Liebe geht, ist das Schlafzimmer der Raum, den man sich einmal genauer anschauen sollte. Er sollte Geborgenheit ausstrahlen und einladend wirken, selbst wenn außer dir niemand darin schläft. Deine Umgebung erzählt dir – und jedem anderen – eine Menge darüber, wie du dich selbst wahrnimmst. Ob du in einer Beziehung bist oder nicht, sorge dafür, dass dein Schlafzimmer Liebe ausstrahlt und das Gefühl, willkommen zu sein.

Mit diesem Ritual entsteht durch ein bisschen Feng-Shui und ein bisschen Aufräumen ein Raum, der für eine liebevolle Beziehung offen ist.

* Bring dein Schlafzimmer ins Gleichgewicht – mit zwei Nachttischen, zwei Nachttischlampen und einer geraden Anzahl Kissen. Der Raum sollte einen Partner einladen, statt nur für eine Person eingerichtet zu sein.
* Sortiere kaputte und beschädigte Möbel aus.
* Keine Spiegel gegenüber von deinem Bett: Sie sollen dem Schläfer Energie rauben und die negative Energie Dritter in eine Liebesbeziehung einladen.
* Stell oder häng nicht zu viele Fotos im Schlafzimmer auf, insbesondere von Kindern und Eltern, damit du dich nicht beobachtet fühlst!
* Benutz den Raum unter deinem Bett möglichst nicht als Stauraum – die Energie soll im Schlafzimmer fließen können. Musst du unter dem Bett Dinge aufbewahren, sorge dafür, dass sie geordnet und sauber sind.
* Mach eine Schublade oder ein Fach in deinem Kleiderschrank frei – schaffe buchstäblich Platz für jemand Neues.
* Überlege dir, wie du auch in deinem Leben Raum schaffen kannst. Füllst du jede Minute mit Aktivität aus? Wo würde ein neuer Mensch hineinpassen?

EIN RITUAL FÜR EINE VERABREDUNG

Dieses Ritual praktizieren wir gerne, bevor wir uns mit jemandem treffen, ob mit einer neuen Bekanntschaft oder einem langjährigen Partner. Wenn wir uns Zeit genommen haben, uns herzurichten, und es uns gutgeht, haben wir das Gefühl, einen wunderbaren Abend erleben zu können.

Lass ein Bad ein und füge eine Handvoll Totes-Meer-Salz zum Reinigen, einen Teelöffel Kokosöl als Feuchtigkeitspflege und fünf bis zehn Tropfen ätherisches Öl hinzu. Wir empfehlen folgende Öle vor einer Verabredung (auf Seite 180 erfährst du mehr über weitere ätherische Öle und ihre Eigenschaften):

Rose
Wird mit Liebe assoziiert. Soll Selbstwertgefühl und Selbstvertrauen steigern.

Jasmin
Hebt die Stimmung und regt den Energiefluss an.

Ylang-Ylang
Beruhigt, entspannt, soll auch aphrodisierend wirken …

Stell brennende Kerzen oder Teelichter rund um die Badewanne auf und schalte alle anderen Lichter aus. Vielleicht willst du dich auch mit etwas Musik aufmuntern – jedoch sollte sie gute Laune machen und deine Stimmung heben. Bloß keine traurigen Songs!

Setz dich in die Wanne und nimm dir Zeit, ausführlich darüber nachzudenken, wie du dir dein Treffen am heutigen Abend vorstellst – mach dir die Mühe, selbst wenn es ein erster Kontakt ist und du dir nicht sicher bist. Denk daran: Dieses Ritual unterstützt dich, es ist nicht für die andere Person gedacht.

Lade die Liebe ein, in welcher Form sie auch erscheinen mag.

LIEBE ZU ALLEN WESEN

Wenn wir von Liebe sprechen, meinen wir oft die romantische Liebe oder die zwischen Individuen, nicht die Liebe zu allen Lebewesen. Aber wir sind rundum von Liebe umgeben, wenn wir uns dafür öffnen. Am besten gelingt dies, indem wir Wege suchen, im Alltag liebevoll zu sein.

Es gibt eine Gandhi zugeschriebene Redensart, dass wir die Veränderung sein sollen, die wir uns in der Welt wünschen. Das bedeutet: In Zeiten, in denen uns die Welt grob und unfreundlich erscheint, werden unser Mitgefühl und unsere Liebe am meisten gebraucht. Lass die Veränderung bei dir durch eines dieser einfachen täglichen Rituale beginnen:

* Wähle einen Tag der Woche aus, an dem du dich bewusst bemühst, eine positive Unterhaltung mit Fremden zu führen. Mach jemandem ein Kompliment zu seiner Kleidung oder zu seinem Lächeln. Frag, welches Buch er oder sie gerade liest. Anfangs fühlt sich das vielleicht merkwürdig an, aber bald wirst du die Sache entspannt angehen und sogar Spaß dabei haben.

* Nimm dir einen »Tag der guten Nachrichten« ohne Neuigkeiten aus Fernseher, Radio und Social Media. Spür in dir, wie viel positiver deine Stimmung nach einem Tag Abstinenz vom nie endenden Nachrichtenstrom ist, und nimm wahr, wie viel erfreulicher deine Interaktion mit anderen ist.

* Halte Münzgeld griffbereit, um es Bedürftigen zu geben. So kannst du dich vor dir selbst nicht damit herausreden, dass du in Eile bist. Kannst du kein Geld spenden, wechsle mit den Betroffenen ein paar freundliche Worte.

* Versuche einen Tag lang, jeden zu lieben und wertzuschätzen, dem du begegnest. Das fällt besonders in einer Großstadt ziemlich schwer, ist aber eine tolle Übung. Wenn dich jemand schubst, lass deinen Ärger los und denke: »Tut mir leid, dass du einen schlechten Tag hast. Fühle dich besser!«

SCHREIB DIR SELBST EINEN LIEBESBRIEF

Vielen von uns fällt es leicht, einem Menschen, den wir lieben, einen Brief zu schreiben und ihm all die großartigen Dinge mitzuteilen, die wir für ihn empfinden. Wie wäre es, wenn du das einmal für dich selbst tust?

Kritzle nicht einfach eine Notiz auf einen kleinen Zettel, sondern stell dir vor, dass du für jemanden, den du liebst, eine Botschaft formulierst. Scheu keine Mühe und verwende wunderschönes Briefpapier oder ein schönes Notizheft.

Zünde eine Kerze an, dann atme mehrmals tief ein und aus (manch einem wird diese Übung schwerfallen).

Was magst du an dir? Was ist deine beste Eigenschaft? Und was lieben deine Freunde an dir? Worin bist du wirklich gut? Gib vor dir selbst so richtig an. Was macht dich stolz auf dich?

Solche Briefe an uns selbst zu schreiben, bedeutete für uns eine echte Herausforderung. Anfangs fühlte sich das kitschig und peinlich an, aber tatsächlich war es eine ziemlich überraschende Übung. Es wäre uns immer noch absolut peinlich, wenn jemand diese Briefe sähe, aber wenn wir sie wieder lesen, fühlt sich das für uns richtig gut an.

Bewahre deinen Liebesbrief an einem sicheren Ort auf. Wenn du eine schwierige Zeit durchmachst, hol ihn heraus und lies ihn wieder, um dir in Erinnerung zu rufen, dass du vollkommen in Ordnung bist.

Dear me,
This is a hard
letter to write....

AKZEPTIERE DEINE FEHLER

Diese Aufgabe ist ein bisschen schwieriger. Schreib einen Brief an das, was du an dir nicht magst. Formuliere den Brief freundlich und liebevoll und akzeptiere die Fehler – wir alle haben welche. Als wir dieses Ritual ausführten, hatten wir kein Problem, unsere Fehler zu finden, aber es fiel uns doch schwer, ihnen mit Liebe zu begegnen.

Wenn es dir genauso geht, stell dir vor, dass du an ein Kind schreibst, das du von Herzen liebst. Wenn ein Kleinkind einen heftigen Wutanfall hat, erzählen wir ihm nicht, dass es ein schrecklicher, fehlerbehafteter, grässlicher Mensch ist. Wir versuchen zu verstehen, warum es sich so verhält. Sei dir selbst gegenüber genauso verständnisvoll.

»Ich akzeptiere mein Temperament und dass ich manchmal in die Luft gehe. Ich wäre gern geduldiger und ich arbeite daran, aber ich weiß auch, dass diese Intensität zu meinem Charakter gehört. Leidenschaftlichkeit kann eine meiner Stärken sein. Ich bitte um die Weisheit, den Unterschied zwischen Leidenschaftlichkeit und Kontrollverlust zu erkennen.«

Eine kluge Therapeutin erklärte uns einmal, seine Fehler zu akzeptieren sei in etwa so, als würde man seine Unterwäsche kennen und lieben. Wenn also jemand zu dir sagt: »Ich kann deinen Schlüpfer sehen«, sei nicht peinlich berührt und beschämt, sondern antworte: »Danke für die Information. Er gefällt mir besonders gut.«

FÜLLE EINLADEN

Der beste uns bekannte Weg, Fülle in unser Leben einzuladen, besteht darin, dankbar für all das zu sein, was wir bereits haben. Wenn wir uns auf das konzentrieren, was wir nicht haben, leben wir im Mangel – dies ist das Gegenteil von einem Leben in Fülle. Wenn du wertschätzt, dass dein Leben voller Dinge ist, für die du dankbar sein kannst, wirst du feststellen, dass du dich schon reich fühlst.

Wenn es dir schwerfällt, Dankbarkeit zu spüren, fang klein an – sei dankbar für deine Gesundheit, das Essen auf deinem Teller, das Dach über deinem Kopf. Diese einfachen Dinge, die wir vom Glück begünstigten Menschen oftmals als selbstverständlich erachten, kann jetzt, in diesem Augenblick, für jemand anderen den Traum von Fülle und Überfluss bedeuten.

Es gibt Menschen mit vielen materiellen Besitztümern, die immer nur an das denken, was ihnen fehlt. Andere wiederum haben wenig, erleben aufgrund ihrer inneren Haltung aber sehr viel Fülle. Entscheide, wo du stehen möchtest.

DANKBARKEIT

Am einfachsten lässt sich Dankbarkeit über unsere Nahrung ins tägliche Leben holen. Es ist eine wirklich privilegierte Position, die täglichen Mahlzeiten selbstverständlich hinzunehmen und manchmal sogar als lästig zu empfinden: »Oh Gott, schon wieder Nudeln!«

* Gib vor jeder Mahlzeit einen Moment lang dem Gedanken Raum, wie dankbar du für deine Nahrung bist. Du musst nicht deine Augen schließen oder deine Hände zum Gebet falten. Schau dir einfach dein Essen an und formuliere ein einfaches »Danke« in deinem Kopf. Es erfordert ein wenig Disziplin, dieses Ritual täglich zu praktizieren, doch wenn du es immer wieder durchführst, wirst du erkennen, wie großartig es ist.

* Wenn du mehr Zeit hast oder deine Augen schließen und dir ein paar Augenblicke dafür nehmen möchtest, kannst du nicht nur an das Essen denken, sondern auch an die Menschen und Einflüsse, die es dir verfügbar gemacht haben: die Lieferanten, die Bauern, die Sonne, die Erde und das Wasser. Spüre den Faden, der dich mit dem Anfang, dem Setzen der Pflanze, verbindet, sodass du heute Nahrung hast. Wir lieben es, dieses Ritual zusammen mit anderen zu praktizieren – vielleicht auch du mit deiner Familie –, um Bewusstsein für den Kreislauf des Lebens mit uns mittendrin zu schaffen.

GEBEN

Unsere erste Yoga-Lehrerin, Gurmukh, lehrte uns, dass das, was du für andere tust, siebenfach zu dir zurückkehrt. Wir denken zwar nicht, dass dies der einzige Grund sein sollte, großzügig zu sein, aber es ist doch ein sehr ermutigender Gedanke.

Einer bekannten Redensart zufolge können wir unseren Lebensunterhalt durch das bestreiten, was wir bekommen, aber unser Leben durch das gestalten, was wir geben. Wenn wir einen Mangel verspüren, horten wir die Dinge, die uns gehören, statt sie zu teilen. Lass dir von deinem Gefühl der Fülle erlauben, anderen zu geben im Wissen, dass du dir damit auch selbst gibst.

Lade Achtsamkeit und Bewusstheit in deinen Tag ein, um Gelegenheiten zu entdecken, großzügig zu sein.

Mach einem geliebten Menschen ein unerwartetes Geschenk. Warte nicht auf Geburtstage oder Weihnachten. Nimm dir Zeit, darüber nachzudenken, was die Person mag, damit dein Geschenk persönlich ist. Nichts drückt so sehr Wertschätzung aus wie ein Geschenk, das zeigt, dass man gesehen und verstanden wird.

Bastle etwas für jemanden. Wenn du kein Geld hast, um etwas zu kaufen, kannst du ein Bild malen, ein Gedicht schreiben oder eine Karte basteln. Die Liebe und die Gedanken, die ein selbst gefertigtes Geschenk ausdrücken, sind viel wertvoller als ein gedankenlos gemachtes teures Geschenk.

Schenke jemandem, der es braucht, deine Zeit. Eine unserer Freundinnen hat für ihre gestresste Schwester ein Buch »Tantes Gutscheine für Babysitting« gebastelt, damit diese ohne schlechtes Gewissen um dringend benötigte Hilfe bitten kann.

DIE KUNST, OFFEN ANZUNEHMEN

Einzuladen ist nur eine Seite der Medaille, wenn es darum geht, die eigenen Wünsche zu manifestieren – man muss auch bereit sein zu empfangen. Das kann der schwierigere Teil sein. Manchmal stellen wir erst im Nachhinein fest, dass wir genau das, was wir uns wünschen, abgelehnt haben, weil wir es zu jenem Zeitpunkt (noch) nicht erkennen konnten.

Wenn es uns schwerfällt, etwas anzunehmen, dann deshalb, weil wir finden, dass uns ein Geschenk nicht zusteht. Oder es hängt mit einer Bewertung zusammen, die du generell im Hinblick auf das Empfangen hast: Denkst du, dass eine großzügige Gabe dich von anderen abhängig macht? Oder empfindest du sie als etwas, das dir aufgezwungen wird?

Bedenke, dass du dem Schenkenden die Freude des Schenkens verweigerst, wenn du etwas nicht annimmst.

Uns gefällt die Metapher des Mondlichts, das vom Mond zu uns auf die Erde gelangt, indem er das Licht der Sonne empfängt und reflektiert. Wenn du empfangen kannst, stehst du ebenso im Licht wie die Person, die dir das Geschenk macht.

Gib das Leuchten weiter.

HERZÖFFNUNGSRITUAL

Im Yoga ist die Vorderseite des Herzens (die Brust) mit dem Geben assoziiert, die Rückseite des Herzens (die hinteren Rippen) mit dem Empfangen. Idealerweise befinden sie sich im Gleichgewicht, sodass wir ebenso geben wie empfangen können.

Im modernen Leben verbringen wir so viel Zeit über Laptops und Handys gebeugt, dass sich die Vorderseite unseres Herzens verschließt und die Rückseite verkrampft. Lass dich durch dieses Ritual wieder in Balance bringen.

* Nimm an einem ruhigen Ort eine bequeme Sitzhaltung ein.

* Verreibe einen Tropfen ätherisches Sandelholzöl zwischen deinen Händen und reibe deine Brust im Uhrzeigersinn damit ein, als würdest du eine Spirale zeichnen. Sandelholzöl soll den Verstand mit dem Herzen verbinden und dir dein höchstes Selbst zugänglich machen.

* Streck deine Arme vor dem Körper aus und leg die Handflächen aneinander. Öffne mit einer Einatmung deine Arme so weit du kannst. Das hebt deine Brust und dein Kinn und somit dein Herzzentrum leicht an. Mit der Ausatmung bringst du deine Handflächen wieder in die Ausgangssituation und rundest dabei sanft deinen Rücken. Führe dieses Ein- und Ausatmen eine volle Minute lang durch.

MANIFESTIEREN

Es gibt viele Rituale rund um das Manifestieren und die Erfüllung von Wünschen. Wir stellen sie uns generell gerne so vor, dass wir uns für die Fülle öffnen, die uns bereits umgibt, und lassen das Gefühl, bei uns würde ein Mangel herrschen, ganz außen vor.

Es ist wichtig, dass wir das Manifestieren nicht einfach als eine Art Einkaufsliste verstehen. Denn dann werden wir sicherlich enttäuscht sein, wenn das Universum nicht wie ein magischer Weihnachtsmann funktioniert, der alles liefert, was wir wollen. Bleib offen, empfangsbereit und achtsam für Wohltaten, die sich einstellen, wenn du es am wenigsten erwartest.

Nähere dich dem Manifestieren mit einer positiven und optimistischen Haltung. So werden, das hoffen wir, deine Träume wahr.

RITUAL VOR EINEM VORSTELLUNGSGESPRÄCH

Vorstellungsgespräche können absolut nervenaufreibend sein. Was uns vor allem nervös macht, ist die Angst vor dem Unbekannten und die Befürchtung, für den Job nicht gut genug zu sein und bloßgestellt zu werden. Vor einem wichtigen Gespräch, gleich welcher Art, praktizieren wir gerne das folgende Ritual, um unsere Nerven zu beruhigen und uns Selbstbewusstsein zu geben.

* Zünde am Abend vor dem Gespräch eine Kerze an, um deine Aufmerksamkeit zu fokussieren. Schreib auf, wie du deinen neuen Job siehst, wie du dich darin fühlen willst, was du erreichen möchtest und wie du in dieser Rolle respektiert und gesehen werden willst. Wenn Schreiben nicht dein Ding ist, mach stattdessen eine Collage aus Bildern, mit der du dich in dem neuen Job visualisierst.

* Bring deine Texte und/oder Bilder an einem sicheren Ort unter. Für uns ist dies in der Regel unser kleiner Altar. Wir legen unsere Visualisierungen gerne unter einen schwarzen Turmalin, der negative Gedanken, Ängste und Gefühle der Wertlosigkeit vertreiben soll.

* Am Tag des Gesprächs trägst du ein Tigerauge bei dir. Dieser Stein hilft dir, dich geerdet, zentriert und mutig zu fühlen. Er fördert einen wachen und logischen Geist und unterstützt dich in schwierigen Situationen. Selbst wenn du eigentlich nicht an solche Dinge glaubst, wird dieser kleine Glücksbringer dazu beitragen, dass du dich besser fühlst.

Vertraue darauf, dass sein wird, was sein soll. Bekommst du den Job nicht, heißt das nicht, dass mit dir etwas nicht in Ordnung ist – sondern dass das richtige Angebot erst noch kommt.

EIN ALTAR ZUM MANIFESTIEREN

Als wir unser erstes Buch schrieben, verwendeten wir viel Energie darauf, uns seinen Erfolg so klar und detailliert wie möglich vorzustellen. Sobald es gedruckt war, schrieb Katia alle ihre Hoffnungen und Wünsche in ein Exemplar und bedeckte es mit Kristallen, um ihre Träume zu vergrößern. Nadia errichtete in ihrer Wohnung einen Altar für das Buch, der bis heute existiert.

Es ist aber auch wichtig, zu sehen, dass wir zusätzlich die nötige Arbeit erledigten! Wir haben nicht einfach nur ein paar Rituale durchgezogen und uns dann zurückgelehnt, um darauf zu warten, dass uns das Universum schicken würde, worum wir gebeten hatten. Wenn du deine Wünsche manifestieren willst, vergiss nicht, dass du auch die entsprechende Arbeit investieren musst.

Einen Altar als Manifestationshilfe einzurichten, ist wirklich einfach:

* Finde einen ordentlichen, sauberen Platz.
* Stell mindestens eine Kerze auf deinen Altar und zünde sie täglich an, um deine Aufmerksamkeit auf das zu richten, was du zu manifestieren beabsichtigst.
* Füge Dinge und Bilder hinzu, die dir etwas bedeuten. Wir wählten ein Bild von unserem Dad, weil wir gerne das Gefühl haben, dass er über uns wacht.
* Als Kristalle benutzten wir Pyrit, das Mineral der Manifestation. Hinzu kamen Quarzkristalle für Klarheit und Karneol, ein Stein für große Taten. Das Fundament unserer Altäre war also gut bestückt. Auf Seite 184 erfährst du mehr über Kristalle.

Vielleicht denkst du, dass Kristalle nichts bringen – das ist in Ordnung. Beim Altar geht es darum, was dir wichtig ist, und so wie sich die Träume der Menschen voneinander unterscheiden, sehen auch ihre Altäre unterschiedlich aus.

EINE VISION FÜR ANDERE ENTWICKELN

Manchmal wünschen wir eher anderen etwas als uns selbst. Das kann besonders der Fall sein, wenn wir Eltern sind. Zwar glauben wir nicht, dass es möglich ist, die Wünsche anderer zu erfüllen – jeder muss die dafür erforderliche Arbeit selbst erledigen. Aber wir glauben, dass man jemanden dabei unterstützen kann, seine Wünsche zu manifestieren.

Eine Vision zu entwickeln bedeutet, sich Dinge als real vorzustellen, die noch nicht Wirklichkeit geworden sind. Dies kannst du auch für Menschen tun, die das selbst nicht schaffen.

Vielleicht ist deine Freundin krank, dein Kind wird in der Schule gemobbt oder jemand, der dir nahesteht, ist in Trauer. Wenn ein anderer keine Möglichkeit sieht, wie er aus seiner Lage herauskommen könnte, erleuchte ihm den Weg mit deiner Liebe und deiner Intention. Du musst dem betreffenden Menschen nicht sagen, dass du für ihn eine Vision hast – tatsächlich ist es wohl besser, wenn du es nicht tust. Schließlich geht es um ihn, nicht um dich.

In einigen indianischen Traditionen glaubt man, dass eine Vision in einen Gegenstand übergehen kann, etwa in ein Amulett oder einen Stein. Dieser wird in einem Beutel um den Hals getragen. Das kannst du für dich tun, aber uns gefällt diese Idee am besten als schönes Geschenk für jemand anderen.

* Errichte einen sehr einfachen Altar – einen, den kaum jemand als solchen erkennen würde. Stell vielleicht einfach ein Bild der betreffenden Person auf, zusammen mit frischen Blumen und einer Kerze.
* Zünde die Kerze jeden Morgen und jeden Abend an und nimm dir einen Augenblick Zeit, der betreffenden Person in Gedanken Wünsche der Geborgenheit, der Gesundheit und des Glücks zu schicken.

* Wenn du noch ein bisschen mehr tun möchtest, schreib Gebete für die Person nieder (vielleicht auf die Rückseite des Fotos). Platziere sie ebenfalls auf dem Altar oder leg sie unter das Kopfkissen, auf dem du schläfst.

* Kauf einen Kristall, einen anderen kleinen Gegenstand oder ein Amulett, das für die betreffende Person eine Bedeutung hat. Halte den Kristall oder das Amulett und stelle dir den Menschen als glücklich und gesund vor. Überreiche ihm dann den Gegenstand mit all deinen guten Intentionen und heilenden Schwingungen. Das ist besonders gut für jemanden, der sich zum Beispiel regelmäßig einer Chemotherapie oder einer anderen medizinischen Behandlung unterziehen muss. Die Person kann deinen Kristall mitnehmen und ihn halten, wenn sie Angst verspürt.

Respektiere die Grenzen des Menschen, für den du die Vision entwickelst. Es ist möglich, dass er nicht an deiner Meinung interessiert ist oder deine Aufmerksamkeit als Last empfindet, wenn er gerade eine schwere Zeit durchmacht. Lass dich in deinem Verhalten davon leiten, was der andere braucht, nicht davon, was du dir für ihn wünschst.

HALTE INNE und überlege dir, was du in dein Leben einladen möchtest. Da sich dies mit der Zeit immer wieder ändern wird, stell dir diese Frage regelmäßig aufs Neue.

BEOBACHTE, wie du dich fühlst, wenn du die Dinge bekommst, die du dir wünschst. Bist du bereit, sie zu empfangen und dankbar zu sein? Wenn nicht, wie kannst du diese Bereitschaft fördern?

FORMULIERE DEINE INTENTION möglichst klar und präzise. Sie sollte sich so real anfühlen, als wäre sie schon Wirklichkeit.

Wandel zulassen

»Wolle nie irgendeine Beunruhigung, irgendein Weh, irgendeine Schwermut von deinem Leben ausschließen, da du doch nicht weißt, was diese Zustände an dir arbeiten!« *Rainer Maria Rilke*

Der Wandel ist ein spannendes Thema. Wir sehnen uns nach dem Neuen und fürchten es zugleich. Wir sagen, wir wollen unser Leben ändern, aber wenn das geschieht, geraten wir oft in Panik und fürchten, nicht dafür bereit zu sein. Manche begegnen Veränderungen mit Leichtigkeit und Eleganz, während andere verzweifelt am Status quo festhalten wollen.

Die einzige Konstante ist, dass sich das Leben verändert, ob es uns gefällt oder nicht. Es hilft, wenn wir uns bewusst machen, dass unser Widerstand gegen das, was kommt, schmerzhaft ist, nicht die Veränderung selbst. Rituale geben uns den Raum, Neues zu akzeptieren, Willkommenes ebenso wie Unwillkommenes. Wir können lernen zu sehen, wie der Sufi-Mystiker Rumi sagt, dass unwillkommene Veränderungen uns vielleicht auf neue Freuden vorbereiten, die wir jetzt noch nicht klar erkennen.

Wir verändern uns, Situationen verändern sich, andere Menschen verändern sich und es gibt nichts, was wir dagegen tun können. In unserer Macht steht einzig, das Terrain des Wandels mit möglichst viel Grazie zu durchschreiten. Manchmal sehen wir eine gigantische Welle auf uns zukommen, manchmal kommt Veränderung überraschend – wir hoffen, die folgenden Rituale helfen dir wieder auf dein Surfbrett hinauf.

ÜBERGANGSRITEN

Alle Kulturen der Welt haben Traditionen und Zeremonien, um die Veränderungen zu zelebrieren, die der Mensch von der Geburt bis zum Tod durchlebt. Rituale markieren die Schritte unserer Entwicklung, während wir heranwachsen und älter werden. Sie müssen nicht so groß sein wie die traditionelle Bat oder Bar-Mizwa oder so komplex wie manche Initiationsriten, die in Stammeskulturen praktiziert werden, doch wir denken, dass es guttut, den Übergängen im Leben besondere Aufmerksamkeit zu widmen.

Wir alle wachsen und lernen jeden Tag, aber nur selten halten wir inne und machen uns das bewusst. Schenke dir durch Rituale einen Moment, in dem du darüber nachdenkst, welchen Weg du zurückgelegt hast.

DAS GEBURTSTAGS-TAGEBUCH

Wenn man jung ist, kommt einem der eigene Geburtstag wie der aufregendste Tag des Jahres vor – mit Kuchen, Party und vielen Geschenken. Wird man älter, ruft er oft gemischte Gefühle hervor und wir fragen uns, wo wir stehen und wohin wir unterwegs sind.

Jenseits der 21 neigen wir dazu, nur noch die runden Geburtstage zu feiern, doch wir denken, dass jeder Geburtstag als eine Art Übergangsritus eine Feier verdient, egal in welchem Alter.

An Geburtstagen geht es wortwörtlich darum, dass man auf der Welt ist, und zwar als das Individuum, das zu sein man bestimmt ist. Nichts ist so besonders wie der Tag, an dem du geboren wurdest. Du hast gerade ein weiteres Mal unbeschadet die Sonne umrundet und das ist Grund genug für eine große Feier.

Denk darüber nach, wie du dich im Jahr zuvor verändert hast. In welcher Hinsicht bist du anders als zum gleichen Zeitpunkt vor einem Jahr? Welchen Übergang hast du durchlebt? Wenn du keine Antworten findest, frag jemanden, der dir nahesteht – manchmal sehen andere solche Dinge klarer als man selbst.

Beginne einige Tage vor deinem Geburtstag, Bilder von wichtigen Augenblicken des vergangenen Jahres zusammenzustellen. Meist sammeln wir sie auf unseren Handys und Computern, aber für dieses Ritual druckst du die Fotos, die dir am meisten bedeuten, tatsächlich aus.

Kauf dir ein Tage- oder Notizbuch, das du nur für deine Geburtstage benutzt. Nach einigen Jahren kannst du mit deinem Geburtstags-Tagebuch nachvollziehen, wie sich deine Gefühle, deine Ziele und du selbst mit der Zeit verändert haben.

An jedem Geburtstag holst du dein Tagebuch heraus und schreibst einen Eintrag über das Jahr, das gerade hinter dir liegt.

* Schreib drei Situationen auf, die du in diesem Jahr schwierig fandest, und notiere auch, wie du sie gemeistert hast.

* Nun mach dir drei Dinge bewusst, die du in diesem Jahr gut geschafft hast. Worauf kannst du stolz sein?

* Schreib drei große oder kleine Ziele für das kommende Jahr auf. Führe aus, wie du sie umsetzen willst – zerlege sie in kleine Schritte, die dir erreichbar erscheinen.

* Klebe Bilder und Fotos ins Buch, die ein Gefühl für oder eine Erinnerung an das vergangene Jahr wachrufen.

Mach aus deinem Tagebuch einen Ort der persönlichen Reflexion, zu dem du jedes Jahr zurückkehrst.

PUBERTÄT

Jede Kultur kennt Übergangsriten für die Pubertät. In der jüdischen Tradition ist es die Bat bzw. Bar-Mizwa mit 13 Jahren, in Mexiko feiern Mädchen mit 15 ihre Quinceañera und in den USA sind Sweet-Sixteen-Partys der Renner.

Übergangsriten für Jungen kommen oftmals in Form schmerzhafter Prüfungen daher – das ist nichts, was Katia ihren Söhnen zumuten möchte!

Wir markieren den Übergang zur Pubertät gerne mit diesem wunderbaren Ritual, das nicht zu peinlich ist (auch wenn uns bewusst ist, dass Teenager alles peinlich finden). Man kann es mit wenigen Menschen feiern, oder, wenn der Jugendliche einverstanden ist, mit einem großen Fest und vielen Gästen.

Bitte enge Freunde und Verwandte, deinem Kind zum 13. Geburtstag eine Karte oder einen Brief zu schreiben, beispielsweise mit einer Weisheit, die in der Familie seit Generationen weitergegeben wird, oder mit einem Wunsch für den Übergang zum Erwachsenenalter. Wenn du möchtest, können auch Gegenstände übergeben werden, aber bitte darum, es bei kleinen und bedeutsamen Geschenken zu belassen, es braucht nichts Ausgefallenes oder Teures zu sein.

Besorge eine Schachtel, die du dekorieren kannst, oder ein leeres Notizbuch und sammle darin alle Beiträge deines engsten Umkreises.

Du wirst am besten wissen, wie und wann du deinem Kind die Schachtel oder das Buch gibst. Manche Teenager würden vor Scham am liebsten sterben, wenn andere dabei wären. Übergib es dann einfach vor dem Schlafengehen als stillschweigende Würdigung des Übergangs von einer Lebensstufe in eine andere. Andere Jugendliche freuen sich vielleicht über eine größere Feier.

Auch wenn Teenager dieses Ritual superpeinlich finden, heißt das nicht, dass sie es nicht wertschätzen. Sie sehen, dass es Menschen gibt, die ihnen beistehen und sie unterstützen, wenn sie so große Veränderungen durchmachen.

RITUAL FÜR DEN ZWEITEN FRÜHLING

Die Menopause wird in unserer Kultur oft sehr negativ gesehen. Wenn überhaupt darüber gesprochen wird, dann als etwas Beschämendes und Trauriges. In asiatischen Kulturen hingegen wird die Menopause der »zweite Frühling« genannt, in dem eine Frau von der Gebärfähigkeit befreit wird und in eine Phase der sexuellen Freiheit und der Weisheit eintritt.

Ein Jahr nach dem letzten Tag der letzten Periode beginnt die Menopause. Vielleicht hast du vergessen, wann das genau war. In dem Fall schlagen wir vor, dass du einen Zeitpunkt auswählst, an dem du das Gefühl hast, etwas Beistand von Frauen gebrauchen zu können, die dir voraus sind.

Versammle Frauen um dich, denen du sehr nahestehst, auch einige ältere, deren Rat und Erfahrung du wertschätzt. Wenn du ein sehr gutes Verhältnis zu deiner Mutter hast, ist ihre Erfahrung in dieser Situation besonders wertvoll.

Setzt euch in einen Kreis, vielleicht mit einem Glas Rotwein oder auch Kirschsaft für jene, die keinen Alkohol trinken. Zündet Kerzen an und macht euch dafür bereit, eure Weisheit miteinander zu teilen.

Jeder Frau in der Runde stellt sich diese drei Fragen:

Wer war ich?

Was habe ich gelernt?

Wer bin ich jetzt?

Der Reihe nach erzählen alle Frauen, was dieser nun beginnende Lebensabschnitt für sie bedeutet. Bei manchen wird es Tränen geben, aber hoffentlich gibt es auch viel Anlass für Gelächter.

DAS GESCHENK DES ALTERNS

Wir sind es gewöhnt, in den sozialen Netzwerken viele Arten von Schönheitsritualen zu sehen, bei denen Seren, Cremes und raffinierte Zutaten zum Einsatz kommen. Oft geht es darum, Fältchen zu glätten oder jemanden jünger aussehen zu lassen. Es ist einfach, hierfür Ansätze zu finden, doch betrachte dich einmal aus einer anderen Perspektive. Schau dich so an wie jemand, der dich liebt.

Altern ist ein Privileg, das nicht jeder erleben darf. Die Falten in deinem Gesicht erzählen die Geschichten deines Lebens, lerne also, sie zu lieben, und sei dankbar für die Erfahrungen, die die Jahre dir geschenkt haben.

Wir nehmen uns abends gerne Zeit dafür, ein Gesichtsöl in unsere Haut zu massieren und sie so anzunehmen, wie sie ist. Du kannst Gesichtsöle kaufen, aber viele davon sind wirklich teuer. Hier ist eins, das wir selbst machen.

GESICHTSÖL

- 1 EL Jojobaöl – wird von der Haut gut aufgenommen
- ½ EL Hagebuttenöl – wirkt feuchtigkeitsspendend
- ½ EL Vitamin E – wirkt hydratisierend
- 5 Tropfen ätherisches Weihrauchöl – wirkt adstringierend und hautstraffend
- 5 Tropfen ätherisches Geranienöl – ein stimmungshebendes Öl, sehr gut für das hormonelle Gleichgewicht
- kleine Glasflasche mit Verschluss

Alle Öle vermischen und in eine Glasflasche füllen. Vor Sonnenlicht schützen.

Gib etwas Öl auf deine Hände und massiere es in deine Haut ein. Dazu passt gut folgende Affirmation von Louise Hay: Schau dich im Spiegel an und sage: »Ich liebe dich, ich liebe dich wirklich.« Anfangs wirst du negative Gefühle und Abwehr spüren. Entdecke dann aber den alterslosen Teil in dir und liebe ihn.

LOVE
YOURSELF

MONDRITUALE

Der Mond durchläuft ständig einen Prozess der Veränderung. Er steht nie still, sondern bewegt sich aus der Dunkelheit ins Licht und wieder in die Dunkelheit hinein. Indem wir uns mit dem Mondzyklus identifizieren, können wir uns bewusst machen, dass wir nicht immer rund und hell und strahlend sind – genauso wie der Mond. Manchmal treten wir auch ruhig und zurückhaltend auf. Wichtig ist zu begreifen, dass wir nicht immer so sind wie im Augenblick, dies ist nur ein Moment in einem niemals endenden Kreislauf des Wandels.

Schön an den Mondritualen ist, dass sie uns jeden Monat Zeit schenken, um unsere Hoffnungen und Wünsche neu auszurichten.

Das Ritual zum Neumond kannst du an die verschiedenen Phasen im Mondzyklus anpassen, wie in den jeweiligen Ausführungen erklärt.

NEUMOND

Der Neumond oder Dunkelmond gilt traditionell als die Phase mit dem größten Potenzial. Zu diesem Zeitpunkt des Mondzyklus ist der Mond unsichtbar. Er ist leer und empfangsbereit, offen für die Saat.

Errichte deinen Altar oder Schrein. Ein hilfreicher Neumond-Kristall ist Labradorit, bekannt als Kristall der Transformation und der Neuanfänge.

Zünde mehrere Kerzen an und verbrenne einen Salbeistab in der Nähe des Altars und dir. Stell dir vor, dass der Salbei all deine belastenden Gedanken darüber, ob du annehmen darfst, was kommt, auflöst.

Atme mehrmals tief ein und aus. Schreib dann auf ein Blatt Papier deinen Dank für das, was du dir am meisten wünschst. Stell dir vor, wie du diese Gaben tatsächlich bekommst. Wir wollen mit dem Ritual keine materiellen Dinge anziehen, etwa ein neues Auto oder viel Geld. Vielmehr versuchen wir, uns mit dem Gefühl der Fülle zu verbinden.

Danke für die Freiheit, die mir die Fülle bringt.

Danke für die Stabilität und Sicherheit, die ich in meinem neuen Heim spüre.

Danke für die Erfüllung, die ich in meinem neuen Job finde.

Leg das Papier auf deinen Altar, sitz dann einige Minuten ruhig und spüre, wie sich deine Träume manifestieren.

ZUNEHMENDER MOND

Die Phase, in der der Mond voller wird, gilt als beste Zeit für Visualisierung und Kreativität. Die Samen, die wir während des Neumonds gesetzt haben, nähren wir nun, damit sie während des zunehmenden Monds wachsen können.

Errichte wieder deinen Altar und zünde einen Salbeistab an. Stell dir vor, dass du dich von allen Zweifeln in Hinblick auf deine Kreativität und dein Selbstwert reinigst.

Als Kristall verwenden wir für den zunehmenden Mond gerne Karneol, er steht für Mut und Motivation.

Sitz an deinem Altar und lade die Inspiration zu dir ein. Bitte darum, Chancen zu erkennen, wenn sie sich bieten – der zunehmende Mond gilt als gute Zeit für Kooperationen und Teamwork. Nimm also die Unterstützung von anderen gerne an.

VOLLMOND

In dieser Zeit herrscht die höchste Energie. Viele Menschen können bei Vollmond nicht schlafen, die Zahl der Krankenhauseinweisungen steigt und es werden mehr Babys geboren. In dieser Phase des Mondzyklus können die bei Neumond formulierten Intentionen Früchte tragen.

Entzünde Salbei nah bei dir und deinem Altar. Willst du einen Kristall dazulegen, so ist jetzt Sonnenstein gut geeignet. Er zerstreut Ängste und Zweifel und steht für Fülle und Wohlstand.

Setz dich vor deinen Altar und denk an deine Wünsche, die du an Neumond formuliert hast. Mach dir bewusst, auf welche Weise sie wahr geworden sein könnten – vielleicht ja nicht in der Weise, die du erhofft oder erwartet hast. Bedanke dich für die Geschenke, die du erhalten hast.

Jetzt kannst du außerdem all deine Kristalle (falls du welche hast) im Licht des Vollmonds aufladen, um ihre Energie zu reinigen. Leg sie einfach mehrere Nächte lang in den Garten oder auf die Fensterbank.

Die Mutter einer Freundin hat uns vom Mondbaden erzählt. Dieses Ritual gefällt uns sehr gut. Geh bei Vollmond nach draußen und bade einige Minuten im Mondlicht. Das wirkt kühlend und beruhigend auf das Nervensystem und bildet den Gegensatz zum Sonnenbaden.

ABNEHMENDER MOND

Während dieser Phase kehrt der Mond allmählich zum Stadium des Neumonds zurück. Dies ist eine Zeit der Reflexion und des Freigebens.

Jetzt ist der richtige Moment, um Süchte, schlechte Beziehungen und alles in deinem Leben, das sich giftig anfühlt, loszulassen. Wir können unser Tempo verringern und dann bei Neumond Raum für neues Verhalten schaffen.

Entzünde Salbei nah bei dir und deinem Altar und denke darüber nach, was du bei abnehmendem Mond loslassen willst.

In dieser Mondphase legen wir gerne Malachit auf unseren Altar, er schützt vor negativer Energie.

Nimm mehrere kleine Blätter Papier und eine Keramik- oder Metallschüssel (kein Plastik!). Schreib auf, was du in dieser Phase loslassen möchtest.

Zünde auf deinem Altar eine Kerze an. Stecke die Zettel nacheinander an und lass die Flamme die schlechten Dinge verbrennen (über der Schüssel, damit du nicht versehentlich noch etwas anderes in Brand setzt).

DIE JAHRESZEITEN FEIERN

Wie der Mondzyklus gibt uns auch der Wechsel der Jahreszeiten Gelegenheit, uns mit der Natur in Einklang zu bringen. In allen Kulturen gibt es Rituale und Zeremonien, die die Besonderheiten der Jahreszeiten und die Momente, in denen sie ihre Höhepunkte erleben oder sich wandeln, feiern.

Unsere Jahreszeitenrituale heben das Ende einer Phase und den Beginn einer neuen hervor. So reflektieren wir auch über unseren Anfang und unser Ende.

RITUALE ZUR TAG-UND-NACHT-GLEICHE IN FRÜHLING UND HERBST

Die Tag-und-Nacht-Gleichen sind die Tage, an denen die Dunkelheit der Nacht und die Helligkeit des Tages gleich lang anhalten. Von der Frühlings-Tag-und-Nacht-Gleiche an werden die Tage länger, heller und hoffentlich wärmer, je näher der Sommer rückt. Und wenn nach der Herbst-Tag-und-Nacht-Gleiche die Tage kürzer werden, ist der Winter nicht mehr allzu weit.

Die Frühlings-Tag-und-Nacht-Gleiche findet Ende März statt, die Herbst-Tag-und-Nacht-Gleiche Ende September. Das Datum ändert sich von Jahr zu Jahr. Informiere dich online über den genauen Tag für dein Ritual.

Die Tag-und-Nacht-Gleichen sind gute Momente, um über die Balance in unserem Leben nachzudenken. Wie ausgewogen fühlst du dich gerade? Was kannst du tun, um dein Leben und deine Arbeit mehr ins Gleichgewicht zu bringen?

Zu den Tag-und-Nacht-Gleichen versammeln wir gern Freunde um uns und zelebrieren ein kleines Ritual. Es ist ein sehr schönes Gefühl, wenn die eigenen Hoffnungen durch Freunde gestärkt werden und man selbst andere unterstützen kann.

* Bereite einen Altar vor oder nutze einen Tisch, wenn dir das lieber ist.
* Zünde auf dem Altar oder dem Tisch eine Kerze an.
* Setzt euch in einen Kreis und schreibt eure Wünsche für die kommenden sechs Monate auf. Der Frühling ist die Zeit für die Aussaat, für neue Anfänge und neue Möglichkeiten. Im Herbst konzentrieren wir uns auf die Ernte, die Fülle und auf das, was uns durch den Winter trägt.
* Teilt eure Intentionen in der Gruppe (wenn ihr sie für euch behalten möchtet, ist das auch in Ordnung). Bitte dann alle, ihre Zettel auf den Altar zu legen.
* Du kannst einen Kristall auf deine Intentionen legen. Wir verwenden gerne Pyrit als Stein der Manifestation, Fluorit für geistige Klarheit und Tatkraft und rosa Turmalin für Freude, Glück und Gelassenheit.
* Lass die Intentionen so lange liegen wie möglich. Wir finden es schön, wenn wir zur Herbst-Tag-und-Nacht-Gleiche zu unseren Intentionen vom Frühling zurückkehren können und umgekehrt.
* Genießt zusammen einen Moment der Stille, um über die Möglichkeiten und das Potenzial des kommenden halben Jahres nachzudenken.

SONNENWENDRITUALE

Sonnenwenden sind sozusagen das Gegenteil der Tag-und-Nacht-Gleichen. Statt um Ausgewogenheit und Gleichgewicht geht es um Extreme. Zur Wintersonnenwende ist der Tag am kürzesten und die Nacht am längsten, die Sommersonnenwende wird am längsten Tag des Jahres gefeiert. Diese Tage gelten als Höhepunkt einer Jahreszeit sowie des Jahres insgesamt.

Traditionellerweise ist die Sommersonnenwende mit starker Energie und intensivem Feiern verbunden. In dieser Phase sind die Tage lang, die Sonne scheint (hoffentlich) und die Ernte steht bevor. Heidnische Kulturen feierten zur Sommersonnenwende den Sonnengott. Da die Sonne an diesem Tag am längsten scheint, was mit ihrer stärksten Kraft verbunden wurde, schrieben sie diese Stärke auch dem Gott zu.

Zur Wintersonnenwende wird nicht nur die dunkelste Nacht des Jahres gewürdigt, die besonders zu Selbstbetrachtung und Reflexion anregt, sondern es werden auch die von nun an wieder länger werdenden Tage begrüßt.

Die Sommersonnenwende findet gegen Ende Juni, die Wintersonnenwende gegen Ende Dezember statt – wie die Tag-und-Nacht-Gleichen ändert sich das Datum von Jahr zu Jahr ein wenig. Schau online nach, bevor du dein Ritual planst. Befindest du dich auf der Südhalbkugel, sind diese Daten natürlich jahreszeitlich entgegengesetzt.

SOMMERSONNENWENDE

Zur Sommersonnenwende werden die Fülle und der Überfluss gefeiert, das Geschenk der Sonne an uns. Traditionell versammeln sich aus diesem Anlass viele Menschen bei Festen im Freien mit Musik und Tanz. Wir empfehlen unbedingt, möglichst viele Partys zu feiern, solange es abends lange hell ist.

Bei alten Mittsommerriten steht häufig das Feuer als Symbol für die Sonne. In manchen nordischen Kulturen wurden brennende Fackeln durchs Dorf getragen und in England setzte man Heuballen auf den Feldern in Brand im Glauben, dass die Feuer die Kraft der Sonne würdigen und stärken.

Wir finden, die Sommersonnenwende sollte im Freien gefeiert werden, möglichst mit Freunden an einem großen Feuer. Wenn ein Lagerfeuer für dich nicht infrage kommt, kannst du vielleicht Feuer in einer Schale oder Grube machen. Es ist schön, sich mit Freunden um etwas Eindrucksvolleres und Feierlicheres zu versammeln als um eine Kerze.

Wir mögen es besonders, für die Feier Blumenkränze für uns und alle Freunde zu binden – nichts Kompliziertes oder Exotisches, Gänseblümchen reichen. Wir wollen uns damit die Fülle und die Schönheit des Sommers vor Augen führen.

Bitte alle Gäste, etwas zum Büffet beizutragen, möglichst etwas Saisonales.

Im alten Europa glaubte man, dass medizinische Kräuter in der Mittsommernacht ihre größte Kraft entfalteten. Daher erntete man sie an diesem Tag. Um diese Tradition zu würdigen, würzen wir unser Essen mit Kräutern und werfen sie zudem als Gabe in unser Sonnenwendfeuer. Traditionell nimmt man für diese Riten Sommerkräuter wie Kamille, Lavendel, Fenchel, Minze und Mädesüß.

Wenn ihr am Feuer sitzt, könnt ihr euren Dank für all das aussprechen, wofür ihr besonders dankbar seid. Anschließend wirft jeder eine Handvoll Kräuter ins Feuer, getanzt wird bis zum Sonnenuntergang.

WINTERSONNENWENDE

Die Tage rund um die Wintersonnenwende gelten traditionell als eine Zeit der Reflexion und Introspektion. Zu dieser Jahreszeit sind wir aber auch wegen der Einkäufe für die anstehenden Festtage und der stattfindenden Feiern gestresst.

Wir beide ziehen uns in dieser Phase gerne von den hektischeren Aktivitäten des Jahresendes zurück und gönnen uns ein wenig Zeit für Momente des Nachdenkens und der Erneuerung.

In der Nacht mit der längsten Dunkelheit wird zudem das Licht gewürdigt, das von nun an wieder zu uns zurückkehrt. In verschiedenen Kulturen wird dies mit einem speziellen Feuer oder mit besonderen Kerzen gefeiert.

Passend zur kontemplativen Stimmung dieser Jahreszeit schlagen wir vor, dass du dein Ritual zur Wintersonnenwende zuhause und im kleinen Rahmen begehst, also allein oder, wenn du möchtest, mit ein paar engen Freunden.

Du brauchst für dieses Ritual eine große Stumpenkerze und möglichst viele kleine Kerzen oder Teelichter.

* Stell die Stumpenkerze in die Mitte deines Altars oder des Tischs. Sie dient als Sonnenkerze und steht für die Rückkehr des Lichts. Das Zimmer sollte dunkel sein, nur die Stumpenkerze brennt.

* Zusammen mit deinen Freundinnen oder allein dankst du der tiefen Dunkelheit des Winters für die Erneuerung und die Zeit der Reflexion.

* Der Reihe nach nehmt ihr die Teelichter und zündet sie an der Sonnenkerze an. Stellt die Teelichter im Kreis um die Stumpenkerze auf.

* Wenn alle Kerzen angezündet sind, setzt ihr euch und denkt darüber nach, was die Rückkehr des Lichts für euch bedeutet.

WENN ES MAL NICHT SO GUT LÄUFT

Seien wir ehrlich, nicht jede Veränderung ist toll. Manche Veränderungen erscheinen einem furchtbar, insbesondere wenn sie aus dem Nichts kommen und nicht so ausfallen, wie du es dir vielleicht vorgestellt hast.

In solchen Zeiten kannst du oft nicht viel tun, außer die Tage möglichst gut hinter dich zu bringen. Heilsame Gewohnheiten bieten dir in solch schwierigen Zeiten Stabilität. Regelmäßige Schlafenszeiten und nahrhafte Mahlzeiten geben dir Kraft, während du versuchst, wieder auf die Beine zu kommen.

Auch Rituale können dir nun helfen, indem sie dir im Auge des Sturms einen Augenblick der Kontemplation schenken.

ERDENDES RITUAL

Wer in einer Phase des Umbruchs steckt, gerät insbesondere bei unerwünschten Veränderungen leicht in eine Spirale aus Stress und negativen Emotionen. Das kann sich anfühlen, als würde alles um dich herum in der Luft schweben. Ein erdendes Ritual bringt dich dann ins Hier und Jetzt zurück und lässt dich spüren, dass du verwurzelt und mit der Erde verbunden bist.

Eine der einfachsten Methoden, sich geerdet zu fühlen, besteht darin, seine Schuhe auszuziehen und auf der Erde zu stehen oder zu laufen – am besten draußen auf Gras, wenn das möglich ist. Schließ deine Augen und stell dir deine Verbindung zum Boden unter deinen Füßen vor. Spüre, wie Wurzeln aus deinen Fußsohlen wachsen, ganz tief in die Erde hinein. Konzentriere dich auf deinen Atem. Vielleicht kommt dir das anfangs ein bisschen komisch vor, aber dies ist eine überraschend kraftvolle Übung, um sich zu beruhigen.

Wir sind die meiste Zeit unseres Lebens von der Erde getrennt, sei es durch Schuhe, Stühle oder in Gebäuden. Daher empfehlen manche Therapeuten, man solle eine Stunde täglich barfuß im Freien auf der Erde stehen, um sich wieder ins Gleichgewicht zu bringen. Das ist einfach, wenn man irgendwo in den Tropen am Strand wohnt, aber für den Rest von uns tun es auch ein paar Minuten auf dem nächsten Flecken Erde.

Wenn du mutig bist, geh ins Freie und leg dich flach ins Gras. Breite dich aus wie ein Seestern und spüre, wie sich dein ganzer Körper entspannt und mit der Erde verbindet.

SCHUTZRITUAL

Wenn uns eine Veränderung bedrohlich erscheint, kann es sein, dass wir uns von allen Seiten bombardiert fühlen. Dieses Ritual hilft dir, dich beschützt und sicher zu fühlen, egal, was um dich herum geschieht.

Du benötigst ein großes Blatt Papier und einen Filzstift.

Zeichne ein Symbol auf das Blatt, das so groß ist, dass deine Füße hineinpassen, wenn du dich daraufstellst.

Wir verwenden dazu gerne diese Symbole:

Der böse Blick: Dieses aus der Antike stammende Symbol eines blauen Auges mit einem flügelförmigen Lidstrich soll dich vor den bösen Absichten anderer schützen.

Die Hamsa: Die ausgestreckte rechte Hand, manchmal mit einem Auge in der Mitte der Handfläche, hast du vielleicht schon einmal gesehen. Die Verwendung dieses Symbols ist im Nahen Osten üblich. Es soll segnen und gegen böse Absichten schützen.

Das Peace-Zeichen: Das oft benutzte Friedenszeichen, ein Kreis mit einer vertikalen Linie und zwei kürzeren Diagonalen, stammt ursprünglich aus der britischen Kampagne für nukleare Abrüstung. In den 1960er-Jahren übernahmen es die Hippies als Symbol der Gegenkultur, heute ist es weltweit verbreitet.

Das Erdmedizin-Rad: Dieses indianische Symbol besteht aus einem Kreis, der durch ein Kreuz in Viertel geteilt ist. Sie symbolisieren die vier Jahreszeiten und die vier Elemente, zudem sollen sie Harmonie und Frieden zwischen allen Wesen fördern.

Wenn du das Symbol deiner Wahl gezeichnet hast, legst du das Blatt auf den Boden und stellst dich darauf. Verwurzle dich mit deinen Füßen fest im Boden.

Stehe aufrecht, lass deine Arme seitlich am Körper herabhängen und drehe deine Handflächen nach außen (nicht zum Körper hin).

Atme ein und heb deine Arme seitlich über den Kopf, bis sich deine Handflächen berühren. Atme aus und senke die aneinandergelegten Hände in Gebetshaltung vor die Brust. Sag in Gedanken zu dir: »Ich bin sicher und beschützt.« Wiederhole dies mindestens eine Minute lang und bleibe so lange auf deinem Schutzsymbol stehen, wie es dir angenehm ist.

VERÄNDERUNG BEOBACHTEN

Wenn wir inmitten der großen und kleinen Turbulenzen des Lebens stecken, kann sich alles chaotisch und überwältigend anfühlen. Manchmal sehen wir dann das große Ganze nicht mehr. In diesen Zeiten ist das Einfachste, was du tun kannst, darauf zu achten, wo du gerade stehst.

Führe Tagebuch und schreib nicht nur auf, was tagtäglich passiert, sondern auch, wie du dich dabei fühlst. Beschönige nichts und halte nicht nur die guten Sachen fest. Bringe alles zu Papier – das Schöne und das Traurige.

Mach dies wirklich jeden Tag ohne Ausnahme! Indem du deine Gefühle aufschreibst, wirst du präsent und ruhig, wenn alles um dich herum ein zu schnelles Tempo fährt. Du wirst Muster erkennen und herausfinden, wie du deine Art zu reagieren ändern kannst. Mit der Zeit – und mit Achtsamkeit – wirst du das Loch vor dir rechtzeitig sehen, statt immer wieder hineinzufallen.

Durch die tägliche Selbstbeobachtung wirst du allmählich wahrnehmen, dass sich die Situation, die dich so überwältigt hat, verändert hat – und du dich auch.

GANESHA, BESEITIGER VON HINDERNISSEN

In der hinduistischen Tradition wird Ganesha als diejenige Gottheit verehrt, die Hindernisse beseitigt. Ganesha ist leicht zu erkennen: Er hat den Kopf eines Elefanten, den Körper eines Jungen und reitet auf einer winzigen Maus.

Wer sich mit den Hintergründen mehr auseinandersetzt, erfährt, dass Ganesha nicht nur hilft, Hindernisse zu bewältigen, sondern auch der Gott ist, der die richtigen Hürden direkt vor dir aufbaut. Diese gilt es zu nehmen, damit du dein höchstes Potenzial entfalten kannst.

Unser Dad stand im Lauf seines Lebens vor wirklich vielen Herausforderungen, vielleicht ist das der Grund, warum er Ganesha sehr liebte. Jahrelang sammelte er Ganesha-Statuen. Einmal ließ er sogar einen riesigen Stein und einen goldenen Ganesha von Indien nach Hongkong schicken (heute steht dieser in Katias Garten).

Wir beide haben Ganesha-Statuen zuhause. Nadja hat ihre vor die Haustür gestellt, wo sie Schutz bewirken und Glück bringen sollen. In Zeiten, in denen wir etwas zusätzliche Unterstützung brauchen können, bringen wir Ganesha ein kleines Schälchen Wasser, Blumen und eine brennende Kerze dar. Wir bitten ihn, die Hindernisse vor uns zu beseitigen, und vertrauen darauf, dass diejenigen, die da sind, uns Lektionen aufgeben, die wir lernen müssen.

Eine Ganesha-Statue oder -Figur ist auch ein sehr schönes Geschenk für jemanden, der gerade eine schwere Zeit durchmacht.

BRING DEIN INNERSTES ZUM AUSDRUCK

Manchmal kommen Veränderungen nur, wenn wir ausdrücklich darum bitten. Es ist wichtig, dass wir Dinge, die uns wichtig sind, nicht verschweigen. Besonders von Frauen wird häufig erwartet, dass sie sich zurückhalten und anderen kein schlechtes Gefühl geben. Unterdrücken wir aber unsere innere Stimme und unsere Wünsche nach Veränderung, fühlen wir uns irgendwann blockiert und werden zornig.

Deinem Innersten Ausdruck zu geben heißt nicht, dass du grob oder aggressiv werden musst, wenngleich eine Stimme, die lange verdrängt wurde, zunächst so klingen kann. Wer hat nicht schon einmal über eine Sache geschwiegen, die ihn verletzt hat, und ist dann wegen einer Kleinigkeit explodiert, die damit nichts zu tun hatte!

Wenn wir besser mit unseren Gedanken und Gefühlen in Kontakt sind, erkennen wir Situationen, in denen wir uns verschließen, leichter. Statt ärgerlich zu werden, denk darüber nach, wie du dich so artikulieren kannst, dass du gleichzeitig ehrlich und verletzlich wirkst. Das lässt Verbundenheit und Gemeinsamkeit aufkommen statt Streit.

Die Kehle zu öffnen, die Stelle, von der die Stimme ausgeht, hilft, derartige Blockaden zu lösen. Wir werden frei, für uns selbst und für andere zu sprechen. Wenn wir Veränderung wollen, müssen wir dies klar und deutlich formulieren. Dieses Ritual hilft dir, deine Stimme zu finden.

* Gib einen Tropfen ätherisches Lavendelöl auf deine Handflächen (Lavendel ist das Öl der Wahrheit und der Kommunikation) und reibe sie aneinander. Atme dreimal tief über deine hohlen Hände geneigt ein und aus.

* Lenk deine Aufmerksamkeit auf deine Kehle, öffne den Mund und atme dreimal durch den Mund ein und aus. Fokussiere die Mitte deines Kehlkopfs.

* Nimm einen Kristall, der mit Ehrlichkeit assoziiert wird – wir mögen Lapislazuli und Amazonit. Halte den Stein vor deinen Kehlkopf, während du beim Einatmen bis vier und beim Ausatmen bis vier zählst.

* Atme ein, spann deine Gesichtsmuskeln kräftig an, reiß mit dem Ausatmen Augen und Mund weit auf und streck deine Zunge mit lautem Brüllen heraus. Im Yoga heißt diese Übung »der Löwe«. Wiederhole sie dreimal.

* Wiederhole eine Affirmation, die deine Empfindungen ausdrückt. Wir sagen gern: »Ich bin dankbar für meine Stimme und die Freiheit, sie zu nutzen, um meine Wahrheit auszusprechen.«

Es gibt Zeiten, in denen es nicht sinnvoll erscheint, das Innere nach außen zu bringen. Wenn du findest, dass dein Chef ein Idiot ist, wäre es keine tolle Idee, ihm das zu sagen. Wenn du dich in solchen Situationen niemandem anvertrauen kannst, der dir nahesteht, kannst du vielleicht stattdessen mit einem anderen Menschen sprechen, etwa einer Therapeutin. Es kann sehr viel bewirken, tiefe Gedanken und Gefühle laut auszusprechen, selbst wenn man dies nicht gegenüber der betroffenen Person tut.

Ist Therapie keine Option für dich oder vielleicht zu teuer, schreib deine Gedanken in einem Brief nieder und lies ihn dir laut vor. Anschließend zerreißt du den Brief oder verbrennst ihn und lässt so die belastenden Gefühle, die du festgehalten hast, los.

HALTE INNE und überlege, ob du die Veränderung, die du gerade erlebst, willkommen heißt, oder ob sie dich überrascht hat. Kannst du einen Weg finden, beide Arten von Veränderung dankbar anzunehmen?

BEOBACHTE, welche Gefühle durch eine Veränderung in dir entstehen. Sorgt sie dafür, dass du hartnäckig an dem festhältst, wie es ist? Kannst du deinen Griff lockern und loslassen lernen?

FORMULIERE DEINE INTENTION, mit Veränderungen mitzugehen, wie sie eben kommen, und sie als den sich stetig bewegenden Kreislauf des Lebens anzuerkennen.

akzeptieren

»Gott, gib mir
die Gelassenheit, Dinge hinzunehmen, die ich nicht ändern kann,
den Mut, Dinge zu ändern, die ich ändern kann,
und die Weisheit, das eine vom anderen zu unterscheiden.«
Reinhold Niebur

Eine unserer Lieblingslehren stammt von unserem Freund Vinny Ferraro, der gerne sagt: »Jetzt im Augenblick ist es so.« Diesen Satz rufen wir uns in Erinnerung, wenn wir vergessen, dass der Plan, den das Leben für uns hat, anders aussehen könnte als unser eigener.

Wenn wir uns in einer schwierigen Situation befinden, haben wir oft das dringende Bedürfnis, alles wieder in Ordnung zu bringen – wir wollen eine Antwort oder einen Ansatzpunkt finden, um die Lage zu verbessern. Aber manchmal liegt die Lösung genau darin, wie die Dinge sind, und man sollte nicht versuchen, etwas zu ändern.

Etwas zu akzeptieren ist nicht dasselbe wie es zu verleugnen oder zu vermeiden. Es bedeutet auch nicht, aufzugeben oder die Hoffnung zu verlieren. Vielmehr beruht Akzeptanz darauf, tiefe Einsichten zu gewinnen, um das Leben genauso anzunehmen, wie es in diesem Augenblick ist.

Du kannst dein Leben damit verbringen, auf irgendwelche Erklärungen zu warten, oder du gehst den nächsten Schritt und akzeptierst, dass du sie niemals bekommen wirst. Seltsamerweise ist es manchmal einfacher, Dinge zu ändern, wenn man sie akzeptiert hat – und manchmal kann es sein, dass wir einfach mal genug von unserem Mist haben.

DIE DINGE NEHMEN, WIE SIE SIND

Echtes, radikales Akzeptieren ist die positive Entscheidung, uns auf das Gute in unserem Leben zu konzentrieren. Manchmal ist diese Entscheidung wirklich schwer, das leugnen wir nicht. Sie erfordert Arbeit und Anstrengung und das kann sehr unbequem sein.

Aber überleg einmal, was du mit all der Zeit und Energie anfangen könntest, die du momentan dafür aufwendest, dem Leben, in dem du steckst, Widerstand zu leisten. Zu akzeptieren ist eine schöne Art, sich selbst gegenüber ehrlich zuzugeben, wo man gerade steht. Sich dem zu fügen kann unglaublich befreiend sein.

EINFACH SITZEN

Dieses Ritual klingt so einfach, dass du vielleicht lieber eines durchführst, bei dem Kerzen und Kristalle im Spiel sind und das mehr Spaß verspricht. Tu's nicht! Die Dinge annehmen zu lernen, wie sie sind, ohne Anhaftung oder Widerstand, ist eine buddhistische Praxis, die sehr in der Tiefe wirken kann.

Buddhisten nennen Meditation auch »Sitzen«, weil das tatsächlich alles ist, was man tut. Das muss nicht kompliziert sein, lass dich von der Idee also nicht einschüchtern.

* Such dir einen ruhigen und bequemen Platz, an dem du ungestört bist, und stell dir einen Wecker auf fünf Minuten.

* Schließ deine Augen und konzentriere dich auf die Geräusche in deiner Umgebung. Was hörst du? Vielleicht ein Flugzeug über dir? Ein Auto draußen auf der Straße? Achte auf jedes einzelne Geräusch, sogar auf das sanfte Fließen deines Atems. Lass dich durch die Geräusche, die du hörst, in den gegenwärtigen Moment bringen.

* Spüre die Empfindungen deines Körpers. Ist dir warm? Kalt? Spürst du einen Luftzug? Schläft dir ein Beine ein, weil du im Schneidersitz sitzt? Der Körper wird sich bewegen wollen, um das Prickeln loszuwerden, aber halte still. Sitz einfach mit diesen Empfindungen – genau so, wie sie sind.

* Nun lenke deine Aufmerksamkeit auf deine Gedanken, die vielleicht wild umherspringen und versuchen, dich abzulenken. Wir alle kennen diese unkontrollierte Flut von Gedanken, die sich ständig mit etwas Neuem beschäftigen will. Beurteile deine Gedanken nicht. Glaub auch nicht, dass du reine oder spirituelle Gedanken haben solltest. Sei einfach bei deinem Geist, wie er gerade ist, mit all seiner Verrücktheit.

Klingt einfach, oder? Glaub uns, das ist eine wirklich verdammt schwere Übung. Als Katia mit der Vipassana-Meditation anfing, fand sie sie so schwierig, dass sie buchstäblich aus dem Retreat floh und trampte, um von dort wegzukommen!

Mit dem eigenen Unbehagen sitzen zu bleiben – ob wegen ablenkender Empfindungen oder störenden Lärms – ist der erste Schritt, um zu lernen, in wichtigeren und noch unangenehmeren Situationen zu sitzen, die sich im Laufe des Lebens einstellen können.

SICH SELBST AKZEPTIEREN

Wenn in unserem Leben etwas schiefläuft – die Beziehung funktioniert nicht, den Traumjob bekommt jemand anderes, wir vermasseln eine Sache gründlich –, fühlen wir uns oftmals beschämt. Scham ist eines der unangenehmsten Gefühle überhaupt. Die meisten von uns werden negative Gefühle wie Traurigkeit zulassen (Wer verspürt keine Erleichterung, nachdem er sich gründlich ausgeweint hat?), aber wir würden fast alles tun, um dieses brennende Gefühl der Selbstverachtung zu vermeiden.

Wenn wir mit Vorwürfen und Schuldzuweisungen zu kämpfen haben, erinnern wir uns an das Zitat der großen Maya Angelou: »Du tatest damals, was zu tun du wusstest, und als du es besser wusstest, tatest du es besser.«

Scham zu akzeptieren, statt vor ihr wegzulaufen, darin besteht der erste Schritt hin zu mehr Mitgefühl mit dir selbst.

Wir haben das folgende Ritual aus einer jüdischen Zeremonie, die am Nachmittag von Rosch Haschanah vollzogen wird, übernommen und angepasst. In dieser Tradition wird Brot in Wasser geworfen als Sinnbild für das Abwerfen der Sünden.

Du kannst für dieses Ritual Brot verwenden, aber wir nehmen lieber einen kleinen Zweig, da uns der Gedanke gefällt, unsere Gefühle der Natur zurückzugeben. Dein Zweig sollte klein und leicht sein – kein großer Stock –, da die Idee ist, dass wir davonschweben, statt zu versinken.

Such dir draußen etwas fließendes Wasser, etwa einen Bach, einen Fluss oder sogar das Meer. Lass dir dann Zeit, um an der für dich richtigen Stelle anzukommen. Atme mehrmals tief ein und aus und denke an deine Intentionen. Halte den Zweig in deiner Hand und richte all deine Gefühle der Scham und Angst auf ihn. Es ist viel besser, diese Gefühle anzuerkennen, als vor ihnen zu fliehen.

Sprich deine negativen Gefühle laut aus, denn das Meiste klingt viel unbedeutender, wenn man es hört, als wenn man nur darüber nachdenkt. Hast du den Eindruck, beobachtet zu werden, kannst du dies auch nur in Gedanken tun.

Wenn du wirklich alles rausgelassen hast, wirfst du den Zweig ins Wasser und lässt ihn davonschwimmen.

Während du ihm nachblickst, machst du dir bewusst, dass jede schwierige Situation und jedes schwierige Gefühl genauso weiterziehen wird wie dieser Zweig.

KREISATMUNG

Wenn wir uns wie im Belagerungszustand fühlen, reagieren wir auf den Vorschlag zu atmen vielleicht so: »Atmen? Besorge mir lieber jemand eine Valium.«

Die Bestsellerautorin Brené Brown erzählte die großartige Geschichte, wie sie sich jahrelang gegen Atemübungen sträubte, weil sie dachte, sie wären nutzlos und könnten auf keinen Fall funktionieren. Bis sie eines Tages einen US Navy SEAL, einen Angehörigen einer Spezialeinheit der US Navy, fragte, wie er in extremen Situationen und unter Lebensgefahr ruhig bleiben könne. Seine Antwort? Die Atemübung unten.

Du kannst dieses Ritual überall ausführen – am Arbeitsplatz, in öffentlichen Verkehrsmitteln oder im Auto. Niemand wird es bemerken, denn den Atem anzuhalten und achtsam zu sein ist überall möglich.

* Atme ein und zähle bis vier.
* Halte den Atem an und zähle bis vier.
* Atme aus und zähle bis vier.
* Halte den Atem an und zähle bis vier.
* Wiederhole diese Atmung eine ganze Minute lang oder länger.

Wenn dieses Ritual dem Soldaten einer Spezialeinheit der US Navy hilft, könnte es auch dir helfen.

RADIKALE AKZEPTANZ

An dieser Stelle könnte es etwas knifflig werden, denn wir fordern dich auf, dankbar für etwas zu sein, das schmerzhaft für dich ist. Du brauchst ein Notizbuch, einen Stift – und die Bereitschaft, über den unmittelbaren Augenblick hinauszuschauen.

Nimm dir einen Moment Zeit, um über die Situation nachzudenken, in der du dich gerade befindest. Sie radikal zu akzeptieren bedeutet, sie rückhaltlos willkommen zu heißen. Und zwar alles daran, selbst ihre unangenehmsten, schmerzhaftesten und schwierigsten Elemente – sogar insbesondere diese.

Hier ist ein Beispiel:

»Danke, dass du mir hilfst zu akzeptieren, dass meine Beziehung aus guten Gründen zu Ende gegangen ist. Auch wenn ich diese Gründe noch nicht sehen kann. Danke für das Geschenk des Schmerzes, der mir erlaubt, verletzlich und offen zu sein. Danke dafür, dass du mir die Menschen zeigst, die nun zu mir kommen und sich in diesen Augenblicken um mich kümmern. Danke dafür, dass du mich daran erinnerst, dass ich geliebt werde, wenn ich das Gefühl habe, keine Liebe verdient zu haben.«

In unseren schlimmsten Zeiten können wir am meisten lernen, wenn wir es zulassen.

SCHWIERIGE MENSCHEN

Wir kommen alle mal in Kontakt mit schwierigen Menschen, und manchmal, seien wir ehrlich, sind wir selbst schwierig. Wenn es uns wirklich Probleme bereitet, mit jemandem zurechtzukommen, versuchen wir uns bewusst zu machen, dass wir keine Ahnung haben, was der andere gerade durchlebt.

Lass den Gedanken zu, dass die Stimme, die jemand gegenüber anderen benutzt, nur ein blasser Widerschein der Stimme ist, die er sich selbst gegenüber einsetzt. Ist dieser Mensch grob zu dir, so ist er vielleicht noch viel grober zu sich selbst, und das verdient dein Mitgefühl.

Wenn wir nur die Außenwirkung wahrnehmen statt die verletzte Person dahinter und entsprechend reagieren, wird unser Gegenüber wahrscheinlich in die Defensive gehen, was die Situation nur noch verschlimmert. Wir können das Verhalten eines Menschen nicht ändern – das kann nur er selbst –, aber wir können versuchen zu akzeptieren, woher seine Gefühle kommen.

Was nun folgt, ist kein einfaches Ritual. Es erfordert ständige Wiederholung und Verstärkung, damit wir unsere natürliche Tendenz überwinden, jenen, die uns gegenüber aggressiv auftreten, auf gleiche Weise zu begegnen. Und wir müssen sicher auch zugeben, dass wir unseren Drang zurückzuschreien nicht immer unterdrücken können! Aber wenn uns tatsächlich eine freundliche Antwort gelingt und wir anderen Liebe und Mitgefühl entgegenbringen, merken wir, wie sich eine aufgeladene Situation entschärft. Durch eine wohlüberlegte Reaktion können wir uns unserem Gegenüber ein wenig annähern.

Wie die verstorbene britische Politikerin Jo Cox anmahnte: Wie unterschiedlich unsere Glaubensvorstellungen und unser Verhalten auch sein mögen, so haben wir als Menschen doch mehr gemeinsam als uns trennt. In diesen Zeiten der Polarisierung kann es nur gut sein, wenn wir uns an unser gemeinsames Menschsein erinnern.

* Statt sofort zurückzuschnappen, halte einen Moment inne. Atme mehrmals tief ein und aus.

* Stell dir die andere Person als winziges Baby vor. Sieh sie vor dir, klein, verletzlich und unschuldig.

* Stell dir vor, dass das Baby weint, weil es nicht ausdrücken kann, was es fühlt – etwa Hunger, Durst oder Müdigkeit. Bei einem Baby verstehen wir, dass es seine Gefühle auf die einzige ihm mögliche Art nach außen bringt. Wenn ein Erwachsener die Beherrschung verliert, können wir vielleicht versuchen, Mitgefühl aufzubringen für das nicht Ausgesprochene, das sein Verhalten bestimmt.

* Nimm wahr, wie falsch es sich anfühlen würde, einem winzigen, hilflosen Baby gegenüber Wut und Negativität zu empfinden.

* Schick dem schwierigen Menschen Mitgefühl und Verständnis. Wir empfehlen, dass du dies nur in Gedanken tust, da er vielleicht noch nicht bereit ist, dies jetzt zu hören.

Wir möchten auch freundlich anmerken, dass es nichts Ärgerlicheres gibt, als gesagt zu bekommen, dass man sich beruhigen solle, wenn man die Beherrschung verloren hat! Behalte dies im Hinterkopf und verhalte dich mitfühlend, nicht überheblich und selbstgefällig. Dieses Ritual soll nicht deine Überlegenheit unter Beweis stellen, sondern Verbundenheit mit anderen schaffen und Verständnis für sie wecken.

SCHWIERIGE SITUATIONEN

Wenn du eine Situation nicht ändern kannst, ist es manchmal das Beste, wenn du deine damit verbundenen Ängste behandelst. Die folgenden beiden Rituale bieten zwei sehr einfache Techniken, die dich in deinen Körper zurückbringen. Wende sie in Zeiten an, in denen du wegen Sorgen nachts wach liegst oder voller Angst aufwachst, was der bevorstehende Tag wohl bringen mag.

* Drücke mit Zeigefinger und Daumen deiner rechten Hand den Bereich zwischen Zeigefinger und Daumen deiner linken Hand (siehe Bild). So kannst du über einen sehr nützlichen Akupressur-Punkt dein Nervensystem beruhigen. Wenn du die Wirkung noch intensivieren möchtest, gib etwas ätherisches Öl auf die Stelle und massiere sie, indem du Zeigefinger und Daumen zusammenpresst. Lavendel und Bergamotte sind gut gegen Ängste. Wiederhole die Akupressur an der anderen Hand.

* In der chinesischen Medizin wird die Brustmitte direkt unterhalb des Brustbeins, als »Meer der Ruhe« bezeichnet. An dieser Stelle befindet sich die Thymusdrüse, die zum lymphatischen System gehört. Klopfen auf die Brustmitte (auch Thymusklopfen genannt), soll Stress und Ängste reduzieren. Führe alle Finger zusammen, als würdest du eine Handpuppe halten, und klopfe etwa 30 Sekunden lang auf diesen Bereich. Wiederhole dies zwei- bis dreimal täglich.

SICH AN DAS ERINNERN, WAS WAR

Erinnerungen an Menschen oder glückliche Zeiten, die der Vergangenheit angehören, können bittersüß sein. Diese Mischung aus Freude und Schmerz empfinden wir oft als unangenehm, daher versuchen wir, dieses Gefühl zu verdrängen.

Wenn wir Trauer und Traurigkeit unterdrücken, kann die Angst davor, sie auch nur ein kleines bisschen freizusetzen, groß sein. Denn unter Umständen bekommen wir den Korken nicht wieder in die Flasche, wenn wir das zulassen. Erlauben wir uns aber, diese Gefühle an einem sicheren Ort zu erkunden, erscheinen sie uns vielleicht weniger furchterregend. Möglicherweise entdecken wir auch, dass wir an diese Menschen und vergangene Zeiten mit Glück statt mit Trauer denken können.

Rituale können uns helfen, einen Raum für diese widersprüchlichen Empfindungen zu schaffen, insbesondere in Situationen, in denen wir eventuell fürchten, von unseren Gefühlen überwältigt zu werden.

RITUAL FÜR JAHRESTAGE

Auch wenn sich der unmittelbare Schmerz, der mit dem Verlust eines Menschen oder dem Ende einer Situation verbunden ist, etwas gelegt hat, bleiben die Jahrestage meistens schwierig. Obwohl mit der Zeit vieles leichter wird, bemerkten wir beide in den Jahren nach dem Tod unseres Vaters, dass wir zunehmend aus der Fassung gerieten, je näher der Jahrestag seines Todes rückte.

Hier sind ein paar Rituale, die wir praktizieren, um zu dieser Zeit nett mit uns umzugehen. Du kannst damit eines Menschen oder eines Ereignisses gedenken.

Es ist wichtig, dass wir uns selbst den Raum geben, die Trauer zu akzeptieren, die uns ergreift, ob wir dafür gerade Zeit haben oder nicht.

* Nimm deinen Kalender zur Hand und trage ein, dass du am Jahrestag und in den Tagen davor und danach freundlich zu dir sein wirst. Wenn möglich, nimm dir an diesem Tag frei. Versuche dir vorzustellen, was auf dich zukommen wird.

* Als unser Dad starb, schrieb Nadia Tagebuch. Sie liest es jedes Jahr wieder, wenn sich sein Todestag jährt. Damit erinnert sie sich an die Zeit damals und ihr wird bewusst, wie sich ihre Trauer seither verändert hat.

* Zünde eine Kerze an für den Menschen, den du verloren hast, oder die Situation, die du betrauerst.

* Verbring Zeit mit deiner Familie und erinnert euch gemeinsam an Erlebnisse mit dem Menschen oder in der Situation. Esst zusammen und stellt einen leeren Stuhl an den Tisch für den Menschen, der nicht mehr da ist.

* Pflanz am ersten Jahrestag des Todes einen Baum. Auch Jahre später kannst du den Baum besuchen und dabei ein schönes Band um seinen Stamm oder Fotos und Briefe an seine Zweige binden.

GEDENKEN BEI GROSSEN FEIERN

Wenn du einen Menschen verloren hast, der dir nahestand, kann es schwierig sein, große Feiern ohne ihn zu begehen. Besonders schmerzhaft kann es zum Beispiel sein, wenn deine Hochzeit ohne ein Elternteil stattfindet, dessen Anwesenheit du dir erhofft hast, oder wenn eine Taufe ohne die geliebte Großmutter oder einen lieben Freund bevorsteht.

An einem solchen Tag, der dazu gedacht ist, sich glücklich zu fühlen, erscheint es vielleicht seltsam oder unangebracht, Trauer zu verspüren. Einen freudigen Anlass zu feiern und gleichzeitig ein Gefühl des Verlusts in uns zu tragen kann uns in einen Konflikt stürzen.

Hier sind zwei Rituale, die wir bei Festen von Freunden kennengelernt und als unaufdringlich und mitfühlend empfunden haben.

* In einem passenden Moment während der Hochzeitszeremonie kann das Paar sich einen Augenblick Zeit nehmen und ankündigen, dass es eine Kerze für diejenigen anzündet, die an diesem Tag nicht bei ihnen sein können. Für die Gäste, die von dem Verlust in der Familie wissen, hat dies eine Bedeutung, für alle anderen ist es ein schöner Moment, der für sie nicht unbedingt mit Trauer verbunden ist.

* Mach einen Gedenkbaum. Stell dazu eine Vase mit einem großen Ast im Festsaal auf und lege Bänder, eine Schere und Geschenkanhänger bereit. Bitte deine Gäste, ihre Erinnerungen und Wünsche auf die Anhänger zu schreiben und sie an den Ast zu binden. So gibst du dem Feiern ebenso Raum wie dem Gedenken.

Love you
Dolly

AUF DAS VERTRAUEN, WAS IST

Es gibt ein großartiges Sprichwort, dem zufolge eine neue Tür aufgeht, wenn sich eine andere schließt – aber der Korridor dazwischen ist das Problem. Wir wollen zwar glauben, dass am Ende alles gut wird, aber das fällt sehr schwer, wenn wir im Flur feststecken und alle Türen rundum verschlossen sind.

Wenn uns eine Tür vor der Nase zugeschlagen wird, starren wir in der Regel lange darauf und fragen uns, was geschehen ist. Wir lassen uns eine Situation immer wieder durch den Kopf gehen, spielen Gespräche wieder und wieder durch und fragen uns, wie wir die Zeichen übersehen konnten, die nun so offensichtlich zutage treten. Wir kramen alte Streitigkeiten hervor und fangen an, uns neue, oft auf falschen Annahmen beruhende Geschichten um alte Beziehungen auszudenken.

Auf das zu vertrauen, was ist, und es zu akzeptieren bringt uns dazu, von der verschlossenen Tür wegzuschauen. Wir können unsere Augen einmal schließen und öffnen und dann den Blick auf das richten, was es sonst noch da draußen gibt. Zu akzeptieren, was ist, statt dagegen anzukämpfen, verleiht uns eine innere Widerstandsfähigkeit, die uns dabei unterstützt, die Höhen und Tiefen des Alltags zu bewältigen.

Wir stellen uns diese Rituale gerne als eine Art Kissen vor, das uns weich fallen lässt und uns wieder auf die Beine hilft.

DAS GUTE AKZEPTIEREN

Wie oft fokussieren wir uns auf unsere Niederlagen statt auf unsere Erfolge. Es scheint uns viel leichter zu fallen, uns selbst zu quälen, als uns zu gratulieren. Dies kann sogar so weit gehen, dass es sich falsch anfühlt anzuerkennen, dass etwas wirklich gut gelaufen ist – als wollten wir uns auf einen Sturz vorbereiten.

Zu prahlen ist nicht dasselbe, wie stolz auf sich zu sein. Wenn man prahlt, sucht man die Anerkennung anderer, ist man stolz, hält man inne und kann für sich selbst akzeptieren, dass man etwas Tolles erreicht hat.

Wenn gerade mal alles gut läuft, haben wir das Gefühl, viel zu beschäftigt zu sein, um eine Pause einzulegen, um den Augenblick wertzuschätzen. Wir haben Panik, dass unser Glück schwindet, wenn wir anhalten. Während wir dir recht darin geben, dass es nötig ist, weiter hart zu arbeiten, finden wir es doch sehr wichtig, sich auch Zeit zu nehmen, um stolz und dankbar zu sein.

Ist dir schon einmal aufgefallen, wie viel Zeit wir damit verbringen, uns etwas zu wünschen? Und sobald wir es haben, springt unser Geist zum nächsten Wunsch oder Bedürfnis.

* Lege jetzt eine Pause ein und hol dir etwas ins Bewusstsein, das du richtig gut gemacht hast.
* Schreib auf, was du alles unternommen hast, um dies zu erreichen. Denke an die Momente, in denen du an dir gezweifelt hast, und erinnere dich daran, dass du es trotzdem geschafft hast.
* Wenn du dich sehr vom Glück begünstigt fühlst, gib etwas davon weiter. Wir vergeben gerne Mikrokredite an Hilfsorganisationen, die Menschen auf der ganzen Welt helfen, unternehmerisch tätig zu werden und ihre Ziele umzusetzen. Etwas von seinem Glück weiterzugeben ist eine für uns gute Art, dafür zu danken.

DER VERTRAUENSSPAZIERGANG

Wir haben diese Idee von unserer Lehrerin Gurmukh übernommen, als wir ihren Unterricht in Kalifornien besuchten. Manch einem wird dieses Ritual schwerfallen, insbesondere denjenigen, die Probleme haben, anderen zu vertrauen. Je schwerer es dir fällt, desto öfter solltest du dich darauf einlassen.

Für dieses Ritual brauchst du eine Freundin oder einen Freund, dem du vertraust, eine Augenbinde und eine sichere Umgebung.

Lass dir von deiner Freundin die Augen verbinden. Unternehmt dann einen kurzen Spaziergang, bei dem sie dich führt. Nimm wahr, wie schwierig es für dich ist, einem anderen Menschen zu vertrauen, und wie oft du deine Augen öffnen und dich umschauen möchtest. Statt deinem Wunsch nachzugeben, alles unter Kontrolle haben zu wollen, versuche, dem Menschen, der dich führt, voll und ganz zu vertrauen.

Sorge dafür, dass deine Freundin dich so gut führt, dass du dich auf diesem Spaziergang entspannen kannst. Sie soll dir sagen, wann ihr beispielsweise um einen Baum herum geht, wann eine Stufe zu gehen und wann ein Bordstein zu überwinden ist. Herauszufinden, wie viel Führung du benötigst, ist eine gute Vertrauensübung – für dich ebenso wie für deine Freundin.

INNEREN FRIEDEN FINDEN

Es gibt eine alte Zen-Geschichte über einen jungen Mönch, dem es schwerfiel, das Meditieren zu lernen. Er ging zu seinem Meister und klagte: »Jedes Mal, wenn ich zu meditieren versuche, beginnt der Hund draußen zu bellen. Er bellt die ganze Zeit und ich kann mich nicht konzentrieren. Wenn ich nur den Hund loswerden könnte, dann wäre alles bestens.« Der Meister überlegte einen Augenblick und fragte dann: »Kommt der Hund ins Zimmer und bellt dich an? Oder verlässt du den Raum, um dich von ihm anbellen zu lassen?«

So ähnlich verhält es sich mit dem inneren Frieden. Wir sagen uns, dass es nicht unser Fehler ist, wenn wir keinen inneren Frieden finden – wir geben unserem Job, unserer Beziehung oder dem Ort, an dem wir leben, die Schuld. Oder wir denken irrtümlicherweise, dass wir Frieden finden, indem wir in den Urlaub fahren oder uns hinaus in die Natur begeben. Anders gesagt: Wir gehen davon aus, dass der innere Frieden etwas ist, das wir außerhalb von uns finden, an irgendeinem Ort, nur nicht dort, wo wir schon sind. Wir glauben, wir könnten zur Ruhe kommen, wenn alles nur etwas weniger schwierig und frustrierend wäre.

Aber frustriert uns das Leben oder verlassen wir unser Inneres, um uns vom Leben frustrieren zu lassen? Wenn wir lernen, die Dinge so zu akzeptieren, wie sie sind, entfernen wir diese Schichten aus Verärgerung und Widerstand – wir werden den bellenden Hund los – und stellen fest, dass der Frieden darunter schon die ganze Zeit existiert hat.

Echter Frieden bedeutet, Raum im Alltag zu finden, statt auf die Bilderbuchversion deines Lebens zu warten, in der alles perfekt ist.

STILLERITUAL

Auf Nadias Yoga-Retreats hält jeder morgens die Stille ein. Anfangs finden die Teilnehmer es etwas merkwürdig, beim Frühstück nicht miteinander zu plaudern. Insbesondere, weil sie das Gefühl haben, sie sollten höflich und nett sein. Aber mit der Zeit wird dies für viele Teilnehmer der Lieblingsteil der Woche. Den erholsamen Start tragen sie für den Rest des Tages mit sich.

Versuche, mit den Menschen, mit denen du zusammenlebst, einen Pakt zu schließen, dass ihr während der ersten halben Stunde des Tages nicht redet. Wenn sie dazu nicht bereit sind, stehe einfach ein bisschen früher auf, um diese Zeit für dich zu haben. Wenn du allein lebst, lass Radio und Fernseher aus und erlaube dir zuhause Stille.

Es geht nicht nur darum, zu schweigen. In der Vipassana-Tradition wird das Praktizieren der Stille auf alles angewandt, was man tut. Überlege einmal, wie du dich im Raum bewegst – stell deine Tasse leise ab, schließ Schranktüren sanfter und beweg dich langsamer.

Bist du ruhig und still in deinen Bewegungen, lädst du die Stille und Ruhe in deinen Geist ein.

BADESALZE FÜR INNEREN FRIEDEN

Ein Bad zu nehmen ist eine großartige Methode, um Augenblicke des inneren Friedens und der Stille zu erleben. Widerstehe der Versuchung, dir für jedes Bad etwas vorzunehmen, beispielsweise etwas zu lesen, eine Gesichtsmaske aufzulegen oder dir die Beine zu rasieren. Erlaube dir hin und wieder, im Bad einfach zu sein, einfach ruhig im Wasser zu liegen. Brennende Kerzen sind dabei perfekt, denn mit deren Licht zu lesen ist kaum möglich.

Die folgenden Badesalze halten sich jahrelang in einem Glasbehälter und sind ein wundervolles Geschenk – wer würde nicht gern im inneren Frieden baden?

GRUNDREZEPT

- 2 Tassen Magnesiumsulfat
- 1 Tasse Salz (wir nehmen rosa Himalajasalz)
- 10–15 Tropfen ätherische Öle (siehe unten)

Beruhigend und stimmungsaufhellend
5 Tropfen Lavendel, 5 Tropfen Geranie

Entspannend
5 Tropfen Zedernholz, 5 Tropfen Ylang-Ylang (beides natürliche Beruhigungsmittel)

Angstlösend
5 Tropfen Lavendel, 3 Tropfen Neroli, 3 Tropfen Rose

Dies sind drei unserer Lieblingsmischungen aus ätherischen Ölen für ein Bad, das inneren Frieden schenkt – einfach rühren, bis sie gut durchmischt sind. Beginne mit zehn Tropfen, um zu testen, ob deine Haut empfindlich reagiert. Falls nicht, erhöhe die Dosis auf bis zu 15 Tropfen, solltest du dir einen stärkeren Duft wünschen.

EIN KRISTALLGITTER FÜR INNEREN FRIEDEN

Um inneren Frieden zu finden, haben wir verschiedene Kristalle im Haus. Sie rufen dieses Gefühl in uns wach, wann immer wir uns das wünschen.

Amethyst für Frieden und Ruhe.

Bergkristall, der stärkste aller Heilsteine.

Versteinertes Holz für Geduld und Vertrauen in den Fluss des Lebens.

Um den Effekt zu intensivieren, kannst du ein Kristallgitter legen. Verschiedene Kristalle, die zu deinem zentralen Kristall führen, sorgen gemeinsam für eine stärkere und schnellere Wirkung.

* Wähle deinen zentralen Kristall (auf Seite 184 findest du Anregungen). Schreib dann deine Intention – inneren Frieden (oder etwas anderes, dieses Ritual ist sehr vielseitig) – auf ein Blatt Papier und lege es unter den zentralen Kristall.

* Leg fünf oder sechs kleinere Steine im Kreis um deinen zentralen Kristall. Das sind deine Wegsteine, die den Weg zur Erfüllung deiner Wünsche ebnen. Nimm kieselsteingroße Kristalle, die dich ansprechen.

* Das dritte Element des Gitters ist ein äußerer Kreis von Steinen, das sind die sogenannten Wunschsteine. Sie repräsentieren das gewünschte Ergebnis. Verwende hier kleine Kristalle.

* Nimm schließlich einen Bergkristall, um dein Gitter zu aktivieren. Werde ruhig und konzentriere dich auf deine Intention. Verbinde dann alle Steine miteinander, indem du mit dem Bergkristall eine unsichtbare Linie zwischen ihnen und dem zentralen Kristall ziehst.

HALTE INNE und überlege, welche Situationen du nur schwer akzeptieren kannst. Frag dich, wogegen genau du Widerstand leistest.

BEOBACHTE, welche Gefühle dein Widerstand in dir hervorruft. Kannst du sie in deinem Körper spüren? Vielleicht ist deine Brust schwer oder deine Atmung flach? Wie fühlt es sich an, mit diesem unangenehmen Gefühl zu sitzen und es einfach zuzulassen? Verändert sich die Empfindung, wenn du tiefer atmest?

FORMULIERE DEINE INTENTION, heute eine Sache zu akzeptieren, die du nicht ändern kannst. Danke der unangenehmen Situation für alles, was sie dir bringt, auch für die Dinge, die du jetzt noch nicht sehen kannst.

abschließen

»Man kann nur verlieren woran man sich festhält.«

Buddha

Häufig fällt es uns schwer, die Vergangenheit loszulassen. Aber unser Leben wirklich zu leben bedeutet, hinzunehmen und sogar ganz anzunehmen, dass etwas zu Ende gegangen ist. Einige Enden sind groß, andere klein, gegenüber manchen leisten wir Widerstand, andere lassen wir zu.

Es fällt uns leicht, ein Ende willkommen zu heißen, wenn wir uns darauf freuen, wie es wohl danach weitergeht – etwa nach einem schrecklichen Job oder einer schlechten Beziehung. Viel härter trifft es uns, wenn wir damit zurechtkommen müssen, dass etwas vorbei ist, von dem wir gehofft hatten, es sei von Dauer.

Um mit Enden gut umgehen zu können, müssen wir begreifen, dass nichts für die Ewigkeit ist, weder das Gute noch das Schlechte. Erst unser Festhalten macht es so schwer hinzunehmen, dass etwas zu Ende ist. Unsere Herausforderung besteht darin, den Griff um etwas, das zu unserem Leben gehörte, zu lösen und eine Situation würdevoll loszulassen.

In Zeiten, in denen wir einen Verlust erleben, scheint uns oft alles aus den Händen zu gleiten. Rituale, insbesondere solche, bei denen wir bewusst Schritte gehen oder Stufen nehmen, können dieses Gefühl der Ohnmacht mindern, da sie unserer Traurigkeit oder Trauer Raum und Zeit geben.

Wir möchten dich warnen: Manche dieser Rituale rufen vielleicht zunächst ungute Gefühle in dir hervor – aber das ist gut so. Die eigene Trauer zu akzeptieren und zu durchleben ist der erste Schritt, um sie loszulassen.

TRAUER BEWÄLTIGEN

Wir beginnen mit dem großen, echten, finalen Ende, dem sich niemand entziehen kann.

Rituale ermöglichen es uns, unsere Trauer zu verarbeiten, und schaffen einen sicheren Ort, an dem wir uns unseren Gefühlen rückhaltlos hingeben können. Es gibt große traditionelle Rituale rund um die Trauer, wie Beerdigungen und das siebentägige Schiwa-Sitzen.

Wenn diese formellen Ereignisse vorüber sind, geht das Leben jedoch für alle anderen weiter, während es sich für einen selbst vielleicht anfühlt, als hätte es aufgehört. Dies kann im Trauerprozess eine einsame Zeit sein, weil man vielleicht Angst hat, andere mit seinen starken Gefühlen zu belasten. Wir ermutigen dich dazu, in dieser Situation mit einer guten Freundin oder einem guten Freund zu sprechen. Menschen, die dich lieben, werden für dich da sein wollen. Erlaube es ihnen.

In ruhigeren Zeiten können kleine, persönliche Rituale durch jene Augenblicke der Trauer hindurchhelfen, in denen wir uns verloren und allein fühlen.

TRAUERKLEIDUNG TRAGEN

Im viktorianischen Zeitalter trug man, wenn man einen geliebten Menschen verloren hatte, als Zeichen der Trauer schwarze Kleidung. Später legte man sich nur noch ein schwarzes Armband um – das ist gelegentlich heute noch zu sehen. In asiatischen Kulturen ist Weiß die Farbe der Trauer. Unsere indische Großmutter trug nach dem Tod unseres Großvaters stets einen weißen Sari.

Heutzutage wird eher privat getrauert. Andere Menschen wissen gar nicht, was mit uns los ist, es sei denn, sie stehen uns wirklich nahe. Es ist seltsam, mit dem Gefühl der Trauer durch die Welt zu gehen, und niemand sieht es uns an.

Oft denken wir, dass es viel leichter wäre, wenn jemand etwas nach außen hin als Zeichen tragen würde, um darauf hinzuweisen, dass er leidet. Dann wären die Menschen viel netter zueinander. Aber da es unüblich ist, die eigene Trauer mit einem Anstecker öffentlich zu machen, denken wir, dass du dich selbst mit einer kleineren Geste in der Trauerzeit unterstützen kannst.

* Trage etwas bei dir, das für dich einen Bezug zu dem verstorbenen Menschen herstellt, zum Beispiel seine Geldbörse oder seinen Lieblingsstift.

* Trage Schmuck- oder Kleidungsstücke dieser Person. In Augenblicken, in denen unser Vater uns sehr fehlte, zogen wir in den Jahren nach seinem Tod nachts seine Schlafanzüge an, um uns mit ihm verbunden zu fühlen.

Etwas zum Gedenken an einen verlorenen Menschen bei sich zu haben, erinnert auch daran, in dieser Zeit freundlich und sanft mit sich selbst umzugehen.

Irgendwann wirst du feststellen, dass du nicht mehr das Bedürfnis verspürst, dich ständig mit Schmuck oder Gegenständen der oder des Verstorbenen zu umgeben. Dann hast du den ersten und schwierigsten Teil des Trauerprozesses hinter dich gebracht.

EIN ALTAR FÜR DEN TOTEN MENSCHEN

Es mag sich vielleicht etwas morbide anhören, aber ein Altar oder ein Schrein für den verstorbenen Menschen gibt uns die Möglichkeit, ihm nahe zu sein, wenn es sich anfühlt, als wäre er für immer fort.

Ein Traueraltar ist etwas sehr Persönliches zwischen dir und der Person, die du verloren hast. Hier sind ein paar Ideen, wie du ihn gestalten kannst:

* Verwende Fotografien der verstorbenen Person und Gegenstände, die für dich und sie eine Bedeutung hatten, etwa ihre Uhr oder ein Schmuckstück.

* Rosmarin ist seit der Zeit der Römer das traditionelle Kraut des Gedenkens. Die Römer setzen es bei Beerdigungsriten ein. Leg Rosmarinzweige auf deinen Altar oder stecke sie an ein gerahmtes Bild des oder der Verstorbenen.

* Ein Rosenquarzkristall tröstet ein gebrochenes Herz, Amethyst soll helfen, Schmerz und Trauer zu verarbeiten.

* Du kannst deinen Altar mit ätherischen Ölen parfümieren. Wir lieben zum Beispiel Melisse, das gegen Depression hilft. Orangenöl bessert die Stimmung und bringt Freude in dein Herz, wenn du glaubst, dass es nur wenig Grund zu Freude gibt.

* Stell eine Kerze auf und zünde sie jeden Tag an. Sitze so lange vor deinem Altar, wie es dir gut tut. Lass alle Gefühle zu, die in dir aufkommen.

In der buddhistischen Tradition werden Zeremonien an 49 Tage nach dem Tod eines Menschen abgehalten. Wir folgen dieser Tradition, indem wir in diesem Zeitraum jeden Tag vor dem Altar sitzen. Das schafft genügend Raum, um tief in seine Gefühle einzutauchen. Jeder sollte aber dem folgen, was ihm richtig erscheint – fühl dich nicht schlecht, wenn du dein Ritual über längere oder kürzere Zeit ausführst.

KRÄUTERTEE BEI TRAUER

Weißdorn gilt in vielen Kulturen als traditionelles Heilmittel gegen Trauer und ein gebrochenes Herz. Er soll Schutz geben, insbesondere dem Herzen. Unser Freund, der Kräuterkundler Michael Isted, verwendet die Beeren als Basis für einen speziellen Kräutertee für Zeiten der Trauer. Dies ist ein wunderbares Geschenk für eine Freundin oder einen Freund, der um einen geliebten Menschen trauert.

Du kannst getrocknete Weißdornbeeren online oder auch in Kräutergeschäften kaufen. (Achtung: Wenn du Herzmedikamente nimmst, solltest du über die Einnahme erst mit deinem Arzt sprechen.)

Für uns ist die Zeremonie, den Tee mit einer klaren Intention zu brühen und langsam zu trinken, so tröstlich wie der Tee selbst.

FÜLLUNG FÜR EIN VORRATSGLAS

- 1 Tasse getrocknete Weißdornbeeren
- 1 Tasse getrocknete Rosenblätter (Rose soll Eigenschaften haben, die das Herz öffnen und dafür sorgen, dass es sich nicht verschließt)
- 1 Tasse Tulsi-Blätter (Tulsi, auch als heiliges Basilikum bekannt, gilt in Indien aufgrund seiner stressreduzierenden Eigenschaften als »Königin der Kräuter«)

Pro Tasse einen Teelöffel Teeblätter mit kochendem Wasser übergießen und mehrere Minuten ziehen lassen.

ANSPANNUNG LOSLASSEN

Wenn ein Zebra in der afrikanischen Savanne einem Löwen entkommen ist, sieht man deutlich, wie der ganze gestreifte Körper zuckt und zittert. So löst sich die Anspannung, die sich durch die starke Kampf-oder-Flucht-Reaktion aufgebaut hat.

Auch wir Menschen speichern die durch traumatische Ereignisse verursachte Anspannung im Körper. Aber anders als ein Zebra bauen wir sie gewöhnlich nicht durch eine körperliche Reaktion ab. Wir halten die Anspannung im Körper fest und fühlen uns dauerhaft gestresst und ängstlich.

Man muss keinem Löwen begegnen, damit ein Trauma entsteht. Vielmehr kann der Alltag mit Lärm, Stress, Druck und Terminen über eine lange Zeitspanne hinweg genauso stark wirken wie ein bedeutendes belastendes Ereignis.

Hier folgt ein Ritual, das hilft, Anspannung und Trauer, die sich im Körper festgesetzt haben, loszulassen. Es ist sehr einfach, aber dieser Vorgang muss auch nichts Kompliziertes an sich haben. Wenn ein Zebra das kann, kannst du es auch.

* Stell dich aufrecht hin, die Füße hüftbreit auseinander.

* Beuge die Knie und federe sanft auf und ab. Der Körper ist dabei ganz locker.

* Atme tief ein und aus, lass das Federn deinen ganzen Körper umfassen. Spür, wie sich die weiche Bewegung von den Füßen über das Becken durch deine Wirbelsäule nach oben fortsetzt.

* Heb deine Arme mehrere Atemzüge lang über deinen Kopf und schüttle deine Handgelenke und Hände aus. Spür, wie das Federn deine Schultern lockert. Führe dann deine Arme abwärts, bis sie entspannt neben deinem Körper hängen.

* Atme tief ein und mit einem tiefen, lauten Seufzen aus. Wiederhole dies mindestens dreimal.

* Atme dann wieder ein und mit einem lauten Aaaahhh oder Huaaah aus. Wiederhole auch dies mehrere Male.

Setz das Auf- und Abfedern mindestens fünf Minuten lang fort und lass dich von deinem Körper dorthin leiten, wo die meiste Anspannung sitzt. Wenn die Zeit um ist, werde langsamer, atme mehrmals tief ein und aus und lass die Vibration in deinem Körper nachwirken.

Wenn dich niemand hören kann (und niemand die Polizei ruft, weil er denkt, dass gerade etwas Schlimmes passiert), fühlt es sich manchmal auch sehr befreiend an, laut zu schreien und zu rufen.

ABSCHIED NEHMEN

Es mutet seltsam an, wie schwer es manchmal fällt zu akzeptieren, dass etwas vorbei ist, wenn es nicht wirklich verschwindet. Der abrupte Schock bei einem Todesfall wirkt manchmal leichter zu ertragen als das Gefühlschaos, das man bei einer Zurückweisung durchlebt – ob man nun die zurückgewiesene oder die zurückweisende Person ist.

Vielleicht kämpfst du gerade mit dem Ende einer Liebes- oder anders gearteten Beziehung, deren Tage einfach gezählt sind. Vielleicht ist es auch ein Job, den du beenden musstest, oder eine ungute Lebenssituation. Ein Herz kann in ganz unterschiedlichen Situationen gebrochen werden.

Allem zum Trotz, was hierzu immer wieder zu hören ist, brauchen nicht alle Beziehungen diesen einen Augenblick, in dem man mit dem anderen Menschen abschließt. Du wirst von anderen nicht immer die Reaktion bekommen, die du dir wünschst. Manchmal ist es also klüger, für sich selbst ein Ende zu erkennen und zu definieren, um eine Beziehung loslassen zu können.

RITUAL ZUM BEENDEN EINER BEZIEHUNG

Wenn du die Beziehung zu jemandem beendest, sei es die zu einer Freundin oder zu einem Partner, fühlt es sich vielleicht so an, als würde das Gespräch mit dieser Person einfach abgebrochen. Bist du die Zurückgewiesene, hast du vielleicht das Gefühl, dass es noch so viel mehr zu sagen gäbe, doch die andere Person will einfach nicht mehr zuhören.

In solchen Situation schreiben wir dem anderen Menschen gerne einen Brief. Schicke ihn NICHT ab! Dieser Brief ist für dich, nicht für den anderen. Lass dir ein paar Tage Zeit, ihn zu formulieren. Nimm ihn dir immer wieder vor und schreib dann weiter. Stell sicher, dass du am Ende alles gesagt und nichts weggelassen hast.

Halte den Brief eine Weile in der Hand und leg ihn vielleicht auf deinen Altar. Setz dann einen Termin fest, zu dem du aufhören wirst, deine vergangene Beziehung zu betrauern. Wir schlagen vor, dass du 21 bis 40 Tage lang täglich einige Minuten lang an diesem Ort verweilst. Wenn du Glück hast, brauchst du viel weniger Zeit.

Schreib in dieser Zeit deinen Brief stetig fort, hol Fotos heraus, spiel die Songs, die dich an die Beziehung erinnern, und begib dich mitten ins Zentrum des Schmerzes, den du verspürst.

Ist der Termin gekommen, verbrennst du den Brief und räumst alle deine Fotos weg. Wenn du dir wirklich ausreichend Zeit genommen hast, mit all deinem Schmerz zu sitzen, bist du nun bereit, das Vergangene hinter dir zu lassen.

大白兔奶糖
WHITE RABBIT
GRANADA
Estepa
Almeria
Melilla
SIERRA MADRONA

NOSTALGIE

Wir sind in Hongkong geboren und aufgewachsen und manchmal vermissen wir die Dinge sehr, mit denen wir groß geworden sind. Heimweh und Nostalgie sind eng miteinander verwandt – natürlich könnten wir nach Hongkong zurückgehen, und das tun wir auch, aber niemand kann in die Vergangenheit reisen.

Manchmal, wenn wir Sehnsucht nach unserer Heimat verspüren, gehen wir zum Essen nach Chinatown. Oder wir kaufen im chinesischen Supermarkt Unmengen von Süßigkeiten und Getränken ein, die wir von früher kennen. Katia teilt diese dann mit ihren Kindern und erzählt Geschichten aus unserer Kindheit.

Seltsamerweise scheint das Essen, an das man sich so gerne erinnert, weil Kindheitserinnerungen damit verbunden sind, meist industriell verarbeitet und ungesund zu sein, beispielsweise greifen viele zu Süßigkeiten und Chips. Aber gönn dir in Zeiten schmerzlicher Nostalgie eine Pause vom gesunden Lebensstil und folge deiner Sehnsucht, ohne dich dafür zu verurteilen.

Wenn du in einem anderen Land lebst, brauchst du nicht unter dem Gefühl zu leiden, etwas verloren zu haben, was niemals zurückkehren wird. Wenn dich die Nostalgie im Griff hat, probiere das folgende Ritual, um deine Erinnerungen vom Schmerz zu befreien.

Besorge dir einen kleinen Karton und beklebe ihn mit Bildern, die dich an all das erinnern, das du vermisst – vielleicht aus alten Zeitungen oder Fotoalben. Leg alles in den Karton, was du aus dieser Zeit aufbewahrt hast: Fotos, Notizen, kleine Gegenstände, die du gesammelt hast, und (nicht verderbliches) Essen, das du mochtest. Wenn du das Bedürfnis hast, dich deiner Kindheit nahe zu fühlen, öffne deine Schachtel und genieße die Erinnerungen. Es kann auch sehr wohltuend sein, diese Erfahrung mit jemandem zu teilen.

LOSLASSEN

Nehmen wir uns Zeit, das Ende von etwas zu würdigen, fällt es uns leichter, es loszulassen. Wohlmeinende Freunde raten uns manchmal, etwas hinter uns zu lassen und nach vorne zu blicken, bevor wir dazu bereit sind. Vielleicht bekommen wir sogar zu hören, dass es nicht gut ist, sich in traurigen Gefühlen zu suhlen.

Bei allem Respekt, aber wir sind gar nicht damit einverstanden, dass die Auseinandersetzung mit den eigenen Gefühlen als Suhlen bezeichnet wird. Einfach zum nächsten Tagesordnungspunkt überzugehen, solange etwas nicht abgeschlossen ist, führt dazu, dass die unverarbeiteten Gefühle später wieder zurückkehren. Jeder Therapeut wird dir sagen, dass es viel schwieriger und verwirrender ist, Traurigkeit oder Wut zu heilen, wenn sie nicht mehr unmittelbar mit der Situation in Zusammenhang stehen, die sie verursacht haben.

Rituale sind keine Zaubersprüche, die uns von bestimmten Gefühlen befreien. Sie geben uns aber die Gelegenheit innezuhalten, um das Vergehen der Zeit und unsere Empfindungen zu würdigen. Und das kann dabei helfen, eine Sache emotional abzuschließen.

KERZENRITUAL

In Mexiko kannst du Glückskerzen in großen Gläsern kaufen. Dort heißt es, dass Wünsche wahr werden, wenn man sie auf die Kerze schreibt und sie mit dieser verbrennen. Wir wenden das gleiche Prinzip an, um uns von Dingen zu verabschieden, die wir loslassen müssen.

Nimm eine kleine Kerze (je größer sie ist, desto länger braucht sie, um abzubrennen – mit einer kleinen dauert das Ritual also weniger lang). Schreib mit einem Stift darauf oder ritze mit einem Spieß in das Wachs hinein, was du loslassen willst. Ein Wort oder ein kurzer Satz genügt, zum Beispiel:

Ich lasse meine Wut los.

Ich bin bereit, dich loszulassen.

Hast du deine Intention formuliert und festgehalten, zünde die Kerze an. Du kannst sie entweder auf einmal herunterbrennen lassen oder über mehrere Tage hinweg, indem du sie immer wieder eine bestimmte Zeit lang brennen lässt.

Lass die Kerze möglichst nicht einfach nebenbei abbrennen, während du dich mit anderen Dingen beschäftigst. Bleib stattdessen dabei und beobachte, wie sie kleiner wird. Konzentriere dich auf das Gefühl des Loslassens.

EIN KREIS ZUM ABSCHIED

Wenn wir Zeit mit einer Gruppe verbracht haben – etwa bei einem Retreat oder im Urlaub –, suchen wir nach einer Möglichkeit, das Ende der gemeinsamen Erfahrung zu markieren. Wir denken an etwas Sinnhafteres als nur einen Gruppenchat danach.

Am Ende von Nadias Retreats beispielsweise bilden die Teilnehmer einen Kreis. Der Reihe nach berichten alle, welche Erfahrungen sie im Lauf der Woche gemacht haben. In manchen indianischen Traditionen wird in einer Gruppe eine Feder weitergereicht, die anzeigt, wer mit Sprechen dran ist. Wir machen das auch oft so.

Dieses Ritual lässt sich für jede Situation anpassen, sei es am Ende des Schuljahres, sei es nach einem Projekt, an dem man mit anderen zusammen gearbeitet hat. Nehmt einfach einen Gegenstand – es muss keine Feder sein – und reicht ihn in der Gruppe weiter, während jeder der Reihe nach zu Wort kommt.

Das kann sehr bewegend sein und ist eine schöne Art, eine gemeinsame Erfahrung in genau dem Moment mit den anderen zu teilen, in dem sie endet.

RITUAL ZUR BEFREIUNG

In Situationen, in denen starke Emotionen aufkommen, etwa bei einem Streit mit einem Familienmitglied oder in einer besonders harten Zeit in der Arbeit, hast du vielleicht das Gefühl, dass auf dir eine Schwere und Stress lasten, die nicht zu dir gehören.

Das kann insbesondere der Fall sein, wenn du als Pflegerin oder Krankenschwester arbeitest oder in einem anderen Job, bei dem du eng mit Menschen arbeitest, die leiden. Es ist fast unmöglich, nicht von dem Schmerz anderer betroffen zu sein, wenn man ihnen bei der Arbeit sehr nahe kommt.

Vielleicht verspürst du in solchen Momenten das Bedürfnis, dich von diesen schweren Gefühlen zu befreien.

Salz gilt als sehr guter Neutralisierer. Es hilft, negative Energien zu reinigen, auszugleichen und loszulassen. Nimm einfach eine Handvoll Salz, feuchte es mit Wasser an und reibe deine Hände über dem Waschbecken damit sauber. Spül das Salz mit fließendem Wasser ab und sage laut: »Ich lasse alles los, was nicht zu mir gehört.«

Zünde einen Salbeistab oder ein Palo-Santo-Holz an. Beides ist für seine reinigenden Eigenschaften bekannt. Puste die Flamme aus und führe den rauchenden Stab um deinen Körper herum, insbesondere um deinen Kopf, wenn er übervoll mit Gedanken und Gefühlen ist.

Geh ins Freie. Die Erde ist stark und sie kann starke Energien und Gefühle aufnehmen. Leg deine Hände auf die Erde und bitte sie, dich von allem Negativen oder Schweren zu befreien.

Salzwasser: Die dänische Schriftstellerin Karen Blixen wird oft mit den Worten zitiert, dass alles durch Salzwasser geheilt wird, ob durch Tränen, Schweiß oder das Meer. Wir können uns nicht alle in den Ozean werfen – wenn du es kannst, tu es! –, aber wir können eine Tasse Magnesiumsulfat oder Meersalz in ein Bad geben. Füge fünf Tropfen ätherisches Bergamotteöl hinzu, es soll von Unruhe, Ängsten und Unsicherheit befreien. Spüre, wie die Schwere aus deinem Körper schwindet, während du im Badewasser liegst.

Schwarzer Turmalin: Dieser Kristall steht für das Freigeben und das Loslassen. Du kannst den Stein auf deinen Altar legen, wenn du einen errichtet hast, oder ihn einfach in der Hand halten und laut sagen: »Ich lasse alles los, was mir nicht dient.«

Wirf einen Stein. Wenn du jemanden um dich hast, der dich anstrengt, und sich dies einfach nicht ändern lässt, brauchst du einen Stein. Nicht um damit auf diesen Menschen zu werfen, sondern um ihn bei dir zu tragen. Stell dir vor, dass du all deine starken und schweren Gefühle in den Stein schickst. Lass ihn all die Emotionen aufnehmen, die du loswerden möchtest. Am Ende des Tages oder der Woche, die du mit dem anstrengenden Menschen verbracht hast, wirfst du deinen Stein ganz weit weg und sagst laut: »Dieser Stein nimmt die Last von mir.« Wenn du großzügig sein willst, kannst du hinzufügen, dass der Stein auch die andere Person von ihrer Last befreit.

GUTER SCHLAF

Guter Schlaf sorgt für weitaus mehr Wohltaten, als uns von dunklen Ringen unter den Augen zu befreien. Schlaf ist das stärkste Heilmittel für deinen Körper und deinen Geist: Während du schläfst, repariert der Körper sich selbst.

Schlaf kann deinen Blutdruck senken, deine Stimmung verbessern und sogar die Immunkraft deines Organismus stärken.

Jemandem den Schlaf zu rauben ist tatsächlich eine Foltertechnik. Tu dir das selbst möglichst nicht an. Schlaf ist eine der zentralen Säulen der Gesundheit und du bist es dir schuldig, dir selbst guten Schlaf zu ermöglichen.

SCHLAFTRUNK

Hafer enthält Melatonin, das entspannt und müde macht. Eine Tasse warme Hafermilch eignet sich daher gut als Schlaftrunk. Trink sie etwa eine Stunde, bevor du ins Bett gehst, wenn du dich allmählich auf die Nachtruhe einstimmst. Nach einer Weile wird das Ritual der Zubereitung deines Schlaftrunks deinem Körper signalisieren, dass es Zeit ist, sich zu entspannen.

Mache deine Hafermilch warm und füge eine der folgenden Zutaten hinzu:

* Kamille, ein natürliches Heilkraut, das den Schlaf fördert. Hänge einen Beutel Kamillentee in die heiße Hafermilch.

* Gib eine Prise Safranfäden in deine heiße Hafermilch. Safran ist dafür bekannt, dass er Unruhe abbaut und die Müdigkeit fördert.

* Ashwagandha (auch Schlafbeere oder Winterkirsche) gehört zu den adaptogenen Pflanzen, die dafür bekannt sind, dass sie helfen, Stress und Unruhe zu verringern. Das Pulver schmeckt recht bitter, daher mischen wir einen halben Teelöffel davon mit Hafermilch, einem halben Teelöffel Rosenwasser und einem Teelöffel Honig zum Süßen. Wenn du regelmäßig Medikamente einnehmen musst, sprich zuerst mit deinem Arzt, bevor du Ashwagandha oder irgendein anderes Adaptogen nimmst.

* Einen Teelöffel getrocknete Lavendelblüten hinzufügen und das Ganze fünf Minuten ziehen lassen.

KOPFKISSENSPRAY

Ein Kopfkissenspray aus ätherischen Ölen verbreitet nicht nur einen schönen Duft, allein das rituelle Sprühen vor dem Schlafengehen an sich kann schon beruhigend wirken. Außerdem ist das Einhüllen des Kopfkissens in einen entspannenden Duft eine schöne Art und Weise, sich selbst etwas Gutes zu gönnen. Dieses Ritual hilft, am Ende des Tages abzuschalten.

Wir nehmen unser Kopfkissenspray auch gern mit auf Reisen – mit »unserem« Duft fühlen wir uns in einem Hotelzimmer gleich ein wenig mehr zuhause.

Alle ätherischen Öle, die wir in unserem Spray benutzen, wirken sehr beruhigend. Vetiver hilft besonders gut gegen Schlaflosigkeit.

KOPFKISSENSPRAY

- 80 ml destilliertes Wasser
- 10 Tropfen ätherisches Lavendelöl
- 5 Tropfen ätherisches Kamillenöl
- 5 Tropfen ätherisches Vetiveröl

Mischen und in einen Glaszerstäuber geben. Vor dem Aufsprühen auf das Kopfkissen den Behälter gut schütteln.

RITUAL ZUR SCHLAFENSZEIT

Jeder Nerv deines Körpers endet in deinen Füßen. Daher kann eine Fußreflexzonenmassage vor dem Schlafengehen helfen, das Nervensystem zu beruhigen und dich auf den Schlaf vorzubereiten. Wir verwenden für diese Massage gern die ätherischen Öle von Lavendel oder Römischer Kamille. Du kannst sie pur einsetzen oder mit etwas Kokosöl mischen, wenn dir das lieber ist. Beide Öle sind als Einschlafhilfen bekannt.

Gibst du ätherische Öle auf deine Fußsohlen, gelangen ihre Wirkstoffe auf dem schnellsten Weg ins Blut, wo sie ihre wohltuende Wirkung entfalten. Das liegt daran, dass es an den Fußsohlen keine Talgdrüsen gibt und die Poren groß sind, so kann das Öl schnell aufgenommen werden.

Reflexologen betrachten die Füße als Landkarte des gesamten Körpers, die sehr ins Detail gehen kann. Vereinfacht gesagt, stehen die Zehen in Verbindung mit Kopf und Gehirn, die Furchen unter den beiden großen Zehen repräsentieren Hals und Schultern. Die Fußballen stehen im Zusammenhang mit der Brust, die Fußgewölbe mit dem Bauch und dem Verdauungssystem. Die Ferse und das Sprunggelenk entsprechen den Fortpflanzungsorganen und die innere Kurve der Füße (über dem Fußgewölbe) soll die Wirbelsäulenkrümmung spiegeln.

Wenn du Genaueres über die Fußreflexzonen wissen möchtest, findest du reichlich Information darüber im Internet.

* Entspanne zuerst deine Füße, indem du erst den einen, dann den anderen sanft massierst und durchknetest. Sei an schmerzhaften oder verspannten Stellen vorsichtig. Schüttle die Füße und kreise mit den Fußgelenken.

* Massiere die Außenkanten deiner großen Zehen. Das soll die Freisetzung von Melatonin, dem Schlafhormon, unterstützen. Beginne an der Unterseite der großen Zehe und reibe seitlich an allen Zehen auf und ab.

* Massiere dann die Furche unter den großen Zehen (dort, wo die Zehen an die Fußballen grenzen). Damit lassen sich Verspannungen lösen, insbesondere die in Hals und Schultern.

* Bewege deinen Daumen zur Mitte des Fußballens an die Stelle direkt oberhalb des Fußgewölbes. Dies entspricht dem Zentrum des Sonnengeflechts. Massiere die Stelle, um inneren Frieden und Entspannung zu spüren.

* Beende deine Reflexzonenmassage mit einer Minute »Luftstreicheln« – streiche dazu mit deinen Fingern leicht an der Oberseite, den Seiten und den Sohlen der Füße auf und ab. Das soll sich anfühlen, als würdest du deine Füße sanft mit einer Feder berühren. Auf das Nervensystem soll dies sehr beruhigend wirken.

Es heißt, dass man in dem tiefenentspannten Zustand nach einer Fußreflexzonenmassage besonders offen und empfänglich für positive Suggestionen ist. Wenn du an Affirmationen glaubst, dann ist dies ein hervorragender Moment, um sie dir selbst zu sagen und sie tief einsinken zu lassen. Wenn du einer anderen Person eine Fußreflexzonenmassage gibst, nutze deine Kraft der Suggestion mit Bedacht!

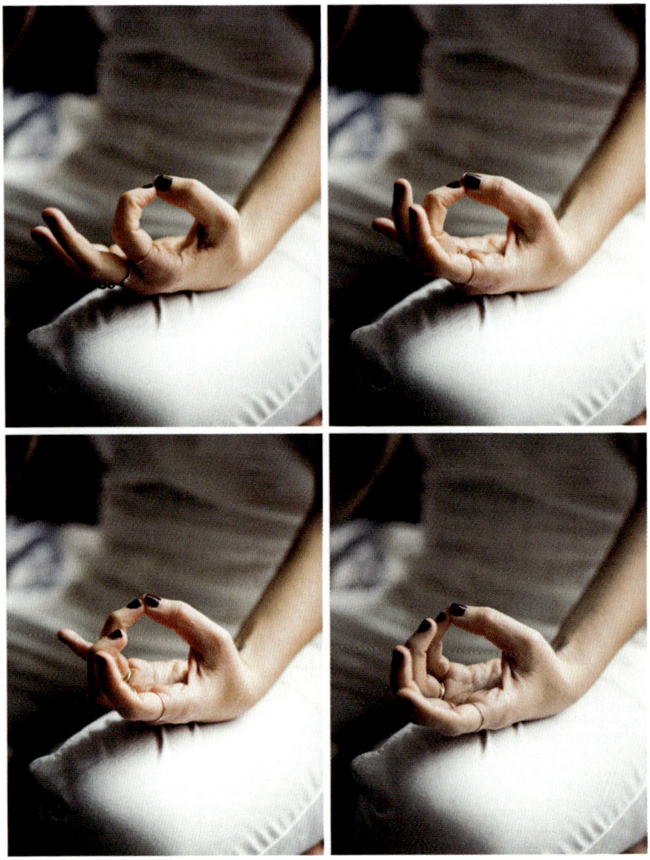

SA-TA-NA-MA-MEDITATION

Wir lieben diese beruhigende und stressabbauende Kundalini-Meditation vor dem Schlafengehen. Sogar Katias achtjähriger Sohn praktiziert sie jeden Abend.

In der Kundalini-Tradition repräsentieren die Wörter »Sa«, »Ta«, »Na«, »Ma« die fünf Urklänge sowie den Zyklus des Lebens vom Anfang bis zum Ende. »Sa« bedeutete Geburt, »Ta« Leben, »Na« Tod oder Verwandlung und »Ma« Wiedergeburt.

* Berühre mit deinem Zeigefinger den Daumen und sage: »SA«
* Berühre mit deinem Mittelfinger den Daumen und sage: »TA«
* Berühre mit dem Ringfinger den Daumen und sage: »NA«
* Berühre mit dem kleinen Finger den Daumen und sage: »MA«
* Wiederhole dies sechs Minuten lang.
* Sag die Worte in der ersten Minute laut.
* In der zweiten Minute flüsterst du.
* In der dritten und vierten Minute sprichst du die Worte still in Gedanken.
* In der fünften Minute flüsterst du.
* In der letzten Minute sagst du die Worte wieder laut.

Wenn du dein Schlafzimmer mit einem anderen Menschen teilst, kannst du auch die gesamte Meditation im Stillen ausführen.

HALTE INNE und denke über das Ende nach, das unweigerlich kommt.

BEOBACHTE, welches Gefühl der Gedanke an das Ende in dir auslöst. Kannst du die Vorstellung von einem guten und einem schlechten Ende loslassen? Kannst du Gedanken der Schuldzuweisung – an andere und dich – loslassen?

FORMULIERE DEINE INTENTION, das Ende genauso anzunehmen, wie es ist, und dich genauso anzunehmen, wie du bist.

ZUM SCHLUSS

Wir wünschen uns, dass die beschriebenen einfachen Rituale dich dazu angeregt haben, auf deine eigene Art dein Leben etwas zu entschleunigen und eine tiefere Verbundenheit zu der Welt um dich herum herzustellen. Denn sobald dir die Idee dahinter einmal vertraut ist, kannst du selbst welche entwickeln. Du musst dazu nicht spirituell oder übersinnlich veranlagt sein, sei einfach offen und neugierig und hab Spaß daran, dir Rituale auszudenken, die dir das Leben leichter machen.

Denke daran, dass Rituale einfach ein Instrument sind und keine Antwort an sich. Innehalten, achtsam sein und klare Intentionen formulieren, diese drei Schritte bringen dich deiner inneren Weisheit näher. Du trägst die Antworten, die du brauchst, bereits in dir. Werde nur ruhig genug, um sie zu hören.

Zu guter Letzt möchten wir noch anmerken, dass wir nicht behaupten, Expertinnen für Rituale zu sein. Wir sind einfach zwei Menschen, die festgestellt haben, dass diese Techniken uns in einer Welt, die oft von Ruhe und Entspannung weit entfernt ist, Augenblicke des inneren Friedens schenken. Wir hoffen, dass sie für dich dasselbe tun.

ZEHN ÄTHERISCHE ÖLE FÜR EINSTEIGER

Nadia hat zuhause ein riesiges Regal voll mit ätherischen Ölen für so ziemlich alles, was man sich vorstellen kann. Sie nutzt sie seit Jahren, aber uns ist bewusst, dass das Anwenden ätherischer Öle für Neulinge eine Herausforderung sein kann. Daher haben wir zehn Öle ausgewählt, die wir als Einsteigerset empfehlen.

Es gibt ein paar Regeln, die für den Einsatz aller ätherischen Öle gelten: Benutz sie nicht in Nahrungsmitteln und Getränken, es sei denn, sie sind als Lebensmittel zertifiziert. Verwende Zitrusöle nicht im Gesicht oder in der Sonne, da sie Hautreaktionen hervorrufen können. Ätherische Öle dürfen nicht in die Augen gelangen. Und während der Schwangerschaft oder bei regelmäßiger Einnahme von Medikamenten sollte man vorab mit dem Arzt sprechen.

Am besten verdünnt man ätherische Öle mit einem Trägeröl, bevor man sie aufträgt. Wir empfehlen dafür entweder Kokos- oder Mandelöl.

LAVENDEL

* Willst du nur ein ätherisches Öl kaufen, sollte es dieses sein
* Reduziert Stress
* Beruhigt
* Wirkt ausgezeichnet gegen Ängste
* Unterstützt Ehrlichkeit und gute Kommunikation
* Fördert den Schlaf
* Gut bei Hautverbrennungen und zur Behandlung juckender Insektenstiche

ZITRONE

* Fördert die Konzentration, unterstützt also das Lernen und Studieren
* Reinigt den Geist von negativen Gedanken und bringt positive in den Vordergrund
* Bringt Freude und Glück

WEIHRAUCH

* Dieses Öl ist teuer, sein Geld aber wert
* Erdend
* Reduziert Ängste und wirkt als Antidepressivum
* Lindert Entzündungen und ist wunderbar für die Haut
* Schenkt das Gefühl, geliebt und beschützt zu sein

TEEBAUM/MELALEUCA

* Das beste Desinfektionsmittel/Handreinigungsmittel
* Antiseptikum für kleinere Schnitte und Wunden
* Guter Zusatz für Putzmittel
* Befreit von negativen Energien und stärkt energetische Grenzen

PFEFFERMINZ

* Stimmungsaufhellend (auch Öl des heiteren Herzens genannt)
* Schenkt dir eine Pause bei emotionalen Prüfungen
* Hilft, optimistisch zu sein
* Erfrischt den Atem (nur in Lebensmittelqualität)
* Bei Kopfschmerzen und Migräne einen Tropfen auf die Schläfen massieren (aber nicht in Augennähe anwenden)

BERGAMOTTE

* Hebt die Stimmung
* Hilft bei Angst und Depression
* Schenkt Vertrauen und Hoffnung

OREGANO

* Sollte zusammen mit Teebaum in deinem Medizinschrank stehen
* Gilt als natürliches Antibiotikum

* Hilft gegen Fußpilz
* Hilft lernwillig und flexibel zu bleiben und mindert die Angst, sich zu irren

SANDELHOLZ

* Ein gutes Öl zum Entspannen
* Erdend, ausgezeichnet für Meditation und Gebet
* Gut für die Haut – man kann ein paar Tropfen in ein Trägeröl oder in eine Gesichtscreme geben
* Aphrodisiakum

* GRAPEFRUIT

* Stimmungsaufheller
* Regt das Immunsystem an
* Hilft gegen Lust auf Süßes, gutes Mittel gegen Kater!

* RÖMISCHE KAMILLE

* Ausgezeichnetes Öl gegen Ängste und Depression
* Eines der besten Öle gegen Schlaflosigkeit
* Lindert Muskelkrämpfe und Schmerzen beim Prämenstruellen Syndrom

ZEHN KRISTALLE FÜR EINSTEIGER

Wir sind uns bewusst, dass der Einsatz von Kristallen für manch einen etwas vollkommen Abwegiges ist. Niemals würden wir versuchen, sie jemandem aufzudrängen, aber wir persönlich lieben sie. Und wir finden, sogar Skeptiker müssen zugeben, dass sie niemandem Schaden zufügen.

Du kannst die Informationen auf den nächsten Seiten mit einem Augenzwinkern annehmen oder, wenn du mehr wissen möchtest, dich mit einem der vielen detaillierten Edelsteinführer, die es am Markt gibt, ausführlicher informieren.

Die folgenden sind die zehn Kristalle, die wir am häufigsten benutzen und die wir auch unseren Freunden und den Teilnehmern unserer Kurse empfehlen.

AMETHYST

* Soll Frieden und Ruhe ins Heim bringen und den Geist beruhigen
* Erzeugt einen Schutzschild, der negative Energie abwehrt; Katias Sohn Huxley schläft mit einem kleinen Amethyst unter seinem Kopfkissen

SCHWARZER OBSIDIAN

* Schützt gegen Negativität und nimmt negative Energie aus der Umgebung auf
* Befindet sich immer in Nadias Tasche

ROSENQUARZ

* Das beste Heilmittel für das Herz
* Der Stein der Liebe zu sich selbst und zu anderen
* Ein wunderbares Geschenk zur Hochzeit oder zur Geburt

BERGKRISTALL

* Bringt geistige Klarheit und klärt Verwirrung auf
* Unterstützt die klare Kommunikation
* Ausgezeichnet für die Meditation

PYRIT

* Der Stein des Manifestierens und Tätigwerdens, um Fülle und Überfluss ins Leben zu bringen
* Sorgt für geistige Klarheit

RAUCHQUARZ

* Erdend
* Bietet Schutz vor elektromagnetischen Feldern und Computern
* Leg einen auf deinen Schreibtisch in die Nähe des Routers

TITAN-AURA-QUARZ

* Der Quarz mit der stärksten und höchsten Schwingung
* Hilft, gleichzeitig geerdet, zentriert und voller Energie zu sein

TIGERAUGE

* Unterstützt dich dabei, in allen Lagen geerdet und ruhig zu bleiben
* Gibt dem Träger Kraft in schwierigen Situationen
* Jedes von Katias Kindern trägt eines bei sich

KARNEOL

* Fördert Fortschritte im Glauben und Handeln, wenn es darum geht, die eigenen Träume zu manifestieren
* Trägt zu positiven Lebensentscheidungen und Erfolg bei
* Ein guter Stein für den Manifestationsaltar

CITRIN

* Soll die Energie der anderen Kristalle, von denen es umgeben ist, steigern
* Großartig für Manifestation, Reichtum und Fülle

DANKSAGUNGEN

Zuallererst möchten wir Pippa Wright danken, ohne die es kein zweites (oder erstes!) Buch geben würde. Pippa, du bist die beste Lektorin, von der zwei Mädchen träumen können. Du treibst uns an und glaubst an uns in einer Weise, wie wir das noch nie von irgendjemandem erfahren haben. Danke ist nicht groß genug. Du hast unsere Träume wahr gemacht (erneut). Bitte hör niemals damit auf!

Danke an Jocasta Hamilton, Celeste Ward-Best, Elle Gibbons, Rachel Kennedy, Najma Finlay und Becky McCarthy von Hutchinson dafür, dass ihr das beste Verlagsteam seid, das wir hätten haben können – beide Male. Mit euch macht Bücher schreiben Spaß!

Danke an Viki Ottewill für das wunderschöne Cover und an Abi Hartshorne für ein weiteres perfekt gestaltetes Buch.

Wir hatten so ein Glück, dass Issy Croker und ihre Assistentin Steph McLeod mit uns die Fotos gemacht hat. Danke, dass ihr die Chance genutzt und mit uns etwas Neues ausprobiert habt, und danke für all die Energie und die Ideen, die ihr zu den Fototerminen mitgebracht habt. Wir sind überglücklich über die wunderbaren Bilder.

Pip Cooper, dich hat Gott geschickt. Wir lieben dich mehr, als Worte sagen können. Du lässt nicht nur alles schön aussehen, du bewirkst auch, dass jeder sich schön fühlt. Alles, was du in die Bilder hineingelegt hast, spiegelt uns in jeder Hinsicht wider – wir könnten nicht dankbarer sein. Du bist die beste Freundin, die wir haben können, und wir sind von Glück gesegnet, dass du bei beiden Büchern ja gesagt hast.

Danke an Alisa von Untitled Flowers, dass du zu unseren Fototerminen stets die allerschönsten Blumen mitgebracht hast.

Danke an Michael Isted von The Herball, dass du deine Rezepte mit uns geteilt hast.

Danke an Rebecca Kaplan, Michael Sand und ihr Team bei Abrams. Wir fühlen uns geehrt und sind ganz aufgeregt, dass ihr unser Buch in Amerika veröffentlicht.

An all unsere ausländischen Verlage – wir sind so glücklich, dass unsere Worte und Gedanken in so viele Sprachen übersetzt werden, danke. Und ein riesiges Dankeschön an Khan Lawrence und Catherine Turner, die unser Buch weltweit verkauft haben.

An euch alle, die ihr unser erstes Buch unterstützt habt – jeden Tag sind wir von euren Kommentaren, Bildern und E-Mails überwältigt. Und wir hoffen, dass ihr dieses Buch genauso mögt!

An Casey, Jonah und Huxley – ihr seid der Grund, warum wir noch weitere Rituale und Erinnerungen im Leben erschaffen wollen.

DIE AUTORINNEN

Nadia Narain ist eine der führenden Yogalehrerinnen Europas, bekannt durch ihre DVDs, allesamt Bestseller. Sie begann ihre Karriere als Yogalehrerin auf Tour mit Bands und war eine der ersten Lehrerinnen am gefeierten Triyoga-Center in London. Sie hat ein eigenes Sortiment von chemiefreien Kerzen und Parfüms.

@nadianarain

Katia Narain Phillips ist seit über 20 Jahren in den Bereichen Wellness, Ernährung und Massage tätig. Vom Magazin *Red* als »Pionierin der gesunden Ernährung« gefeiert, eröffnete sie vor über zehn Jahren ein Rohkostcafé. Heute betreibt sie in London, wo sie mit ihrem Mann und ihren beiden Söhnen lebt, das innovative Nectar Café.

@katianarainphillips

Nadias und Katias erstes Buch *Self-Care – Sei gut zu dir* war in Großbritannien unter den zehn meistverkauften Büchern und wurde in sechs Sprachen übersetzt.

@nadia.and.katia

BILDNACHWEISE

Foto auf Seite 18 © Austin Lord/Stocksy United.

Foto auf Seite 53 © Alita Ong/Stocksy United.

Alle anderen Fotos © Issy Croker 2018.

Für die deutsche Ausgabe:
Programmleitung Monika Schlitzer
Redaktionsleitung Anne Heinel
Projektbetreuung Isabelle Stei
Herstellungsleitung Dorothee Whittaker
Herstellungskoordination Ksenia Lebedeva
Herstellung Christine Rühmer

Titel der englischen Originalausgabe:
Rituals for everyday

First published by Hutchinson, an imprint of Cornerstone. Cornerstone is part of the Penguin Random House group of companies.

Bildnachweis siehe Seite 191.

Der Verlag hat sich bemüht, alle Rechteinhaber zu ermitteln und zu kontaktieren. Er ist gerne bereit, bei zukünftigen Auflagen die Angaben zu vervollständigen.

1. Auflage 2019

Übersetzung Anke Wellner-Kempf
Lektorat Cornelia Rüping

ISBN 978-3-8310-3841-1

Druck und Bindung Lego, Italien

FSC www.fsc.org
MIX
Papier aus verantwortungsvollen Quellen
FSC® C023419

Besuchen Sie uns im Internet
www.dorlingkindersley.de

Hinweis
Die Informationen und Ratschläge in diesem Buch sind von den Autoren und vom Verlag sorgfältig erwogen und geprüft, dennoch kann eine Garantie nicht übernommen werden. Eine Haftung der Autoren bzw. des Verlags und seiner Beauftragten für Personen-, Sach- und Vermögensschäden ist ausgeschlossen.